TRAITÉ
ENTRE
LE ROY, L'EMPEREUR,
ET LE ROY
DE LA GRANDE BRETAGNE,
POUR LA PACIFICATION
DE L'EUROPE.

Conclu à Londres le 2. d'Août 1718.

A PARIS,
Chez FRANÇOIS FOURNIER, ruë Saint Jacques,
à aux Armes de la Ville.

M. DCC XIX.
AVEC PRIVILEGE DE SA MAJESTE'.

LOUIS PAR LA GRACE DE DIEU, Roy de France & de Navarre: A tous ceux qui ces presentes Lettres verront, SALUT. Comme nôtre amé & feal le Sieur Abbé du Bois, Conseiller ordinaire en nôtre Conseil d'Etat, & au Conseil des Affaires Etrangeres, Secretaire de nôtre Cabinet, & nôtre Plénipotentiaire, auroit en vertu des Pleins-Pouvoirs que Nous luy en avions donnez, conclu, arrêté & signé à Londres le 2. du present mois d'Août avec les Sieurs Christophe Penterridter d'Adelshausen, Conseiller Imperial Aulique, & Assesseur du Conseil des Pays-Bas Autrichiens; & Jean-Philippe Hoffman, Resident de nôtre tres-cher & tres-amé frere l'Empereur des Romains à Londres, ses Plénipotentiaires pareillement munis de ses Pleins-Pouvoirs, & avec les Sieurs Guillaume Archevêque de Cantorbery, Primat & Métropolitain de toute l'Angleterre; Thomas Parker, Baron de Macclesfield, Grand Chancelier de nôtre tres-cher & tres-amé frere le Roy de la Grande Bretagne; Charles Comte de Sunderland, President du Conseil de nôtredit frere; Evelyn Duc de Kingston, Garde du Sceau Privé; Henry Duc de Kent, Grand Maître de la Mai-

A ij

son de nôtredit frere; Thomas Duc de Newcastle, Chambellan; Charles Duc de Bolton, Lieutenant & Gouverneur General du Royaume d'Irlande ; Jean Duc de Roxburghe l'un des premiers Secretaires d'Etat de la Grande Bretagne; Jacques Comte de Berkeley, Premier Commissaire de l'Amirauté, & Jacques Craggs aussi l'un des premiers Secretaires d'Etat de la Grande Bretagne, Plénipotentiaires de nôtredit frere le Roy de la Grande Bretagne, pareillement munis de ses Pleins-Pouvoirs, le Traité d'Alliance & les Articles séparez dont la teneur s'ensuit.

<table><tr><td>

In nomine sanctissimæ & individuæ Trinitatis.

</td><td>

Au nom de la Tres-Sainte & indivisible Trinité.

</td></tr><tr><td>

NOTUM, perspectumque sit omnibus quorum interest, aut interesse quomodocunque potest.

Postquam Serenissimus & Potentissimus Princeps, Ludovicus decimus quintus, Franciæ Navarræque Rex Christianissimus, & Serenissimus ac Potentissimus Princeps Georgius Magnæ Britanniæ Rex, Dux Brunsvicensis & Luneburgensis, sacri Romani Imperii Elector, &c.

</td><td>

Qu'il soit notoire & évident a tous ceux à qui il appartient, ou peut appartenir de quelque maniere que ce soit.

Qu'après que le Serenissime & Tres-Puissant Prince Louis XV. Roy Tres-Chrétien de France & de Navarre, & le Serenissime & Très-Puissant Prince Georges Roy de la Grande Bretagne, Duc de Brunswick & de Lunebourg, Electeur du Saint Empire Romain, &c. & les Hauts &

</td></tr></table>

Puissans Etats Generaux des Provinces-Unies des Pays-Bas, appliquez continuellement au maintien de la Paix, ont reconnu parfaitement, qu'ils avoient pourvû en quelque sorte à la sûreté de leurs Royaumes & Provinces, par la Triple Alliance conclue entr'eux le 4. Janvier 1717. mais non entierement, & si solidement, que la tranquilité publique pût subsister long-tems, & être conservée par ce moyen, si l'on ne détruisoit en même-temps les inimitiez & les sources perpetuelles des differends, qui augmentent encore entre quelques Princes de l'Europe, comme ils en ont fait l'experience par la Guerre qui s'est élevée l'année derniere en Italie ; dans la vûe de l'éteindre assez à tems, ils sont convenus entre eux de certains articles par le Traité conclu le 18. Juillet 1718. selon lesquels la Paix pourroit être établie entre Sa Majesté Imperiale & le Roy d'Espagne, & entre ladite Majesté Imperiale & le Roy de Sicile,	Necnon celsi & Potentes status generales unitarum fœderati Belgii Provinciarum, conservandæ almæ Paci jugiter intenti, probè animadverterunt, per fœdus illud triplex, sub quarto Januarii anno 1717. inter se ictum, Regnis quidem suis atque Provinciis utcunque, non tamen undequaque, neque tam solidè prospectum esse, ut nisi unà & gliscentes adhuc inter nonnullos Europæ Principes simultates, ceu perpetua dissidiorum fomenta è medio tollerentur, tranquillitas publica vigere diù, aut constare posset, edocti, videlicet experimento Belli, anno superiori in Italiâ exorti, ad quod proinde tempestivè sopiendum per tractatum die 18. Julii anni 1718. initum, de certis inter se pacificationis Articulis convenêrunt, juxta quos Pax quoque inter sacram Cæsaream Majestatem, & Hispaniarum Regem, necnon inter eamdem, Regemque Siciliæ conciliari, stabilirique posset, factâ de super amicâ invitatione, ut sua Majestas Cæsarea, amore pacis ac quie-

tis publicæ, istos conventionum Articulos, suo quoque nomine amplecti ac probare, adeoque tractatui inter se inito, & ipsa accedere quoque vellet, quorum quidem tenor sequens est.

après avoir invité amiablement Sa Majesté Imperiale, de vouloir bien pour l'amour de la Paix, & de la tranquilité publique, approuver & recevoir lesdits Articles, & entrer elle-même dans le Traité conclu entr'eux, dont la teneur s'ensuit.

CONDITIONUM Pacis, inter suam Majestatem Cæsaream & Regiam Catholicam Majestatem.

CONDITIONS de la Paix entre Sa Majesté Imperiale & Sa Majesté Catholique.

ARTICULUS PRIMUS.

ARTICLE PREMIER.

AD *reparanda ea, quæ contra Pacem Badensem die septimâ Septembris 1714. conclusam, prout & contra Neutralitatem, per tractatum die decima quarta Martii 1713. pro Italia stabilitam, novissimè turbata fuerunt, Serenissimus & Potentissimus Hispaniarum Rex, obligat se ad restituendam suæ Majestati Cæsareæ, prout & eidem, mox, vel ad summum duos post menses, à commutatione Ratificatio-*

POUR reparer les troubles faits en dernier lieu contre la Paix conclue à Bade le 7. Septembre 1714. & contre la Neutralité établie pour l'Italie, par le Traité du 14. Mars 1713. le Serenissime & Tres-Puissant Roy d'Espagne s'engage de restituer à Sa Majesté Imperiale, & lui restituera effectivement, immediatement après l'échange des Ratifications du present Traité, ou au plus tard deux mois après, l'Isle & Royaume de Sardaigne en l'état où il étoit lorsqu'il s'en est emparé, & renoncera en faveur de Sa Majesté Imperiale à tous droits, prétentions, raisons, & actions sur ledit Royaume, de sorte que Sa Majesté Imperiale puisse en disposer en pleine liberté, & comme de chose à elle appartenante, de la maniere dont elle l'a résolu pour le bien public.

num præsentis tractatus, actu restituet insulam & Regnum Sardiniæ, in eo statu quo erat tunc, cum illud occupavit, renuntiabitque suæ Majestati Cæsareæ omnia jura, prætentiones, rationes, & actiones in dictum Regnum, ita ut sua Majestas Cæsarea de illo, ceu de re sua, plenè liberèque atque ad eum modum, juxta quem amore boni publici facere statuit, disponere possit.

ARTICLE II.

Comme le seul moyen qu'on ait pû trouver, pour établir un équilibre permanent dans l'Europe, a été de regler que les Couronnes de France & d'Espagne ne pourroient jamais, ni en aucun temps, être réunies sur la même tête, ni dans une même ligne; & qu'à perpetuité ces deux Monarchies demeureroient separées, & que pour assûrer une regle si

ARTICULUS II.

Quando quidem unica quæ excogitari potuit ratio ad constituendum duraturum in Europa æquilibrium ea visa fuerit, ut pro Regula statuatur, ne Regna Galliæ & Hispaniæ ullo unquam tempore, in unam eamdemque personam, nec in unam eamdemque lineam, coalescere unirique possent, istæque duæ Monarchiæ, perpetuis retrò temporibus separatæ remanerent, atque ad obsirmandam hanc Regulam tranquillitati publicæ adeò necessariam, ii Principes, quibus nativitatis prærogativa, jus in utroque Regna succedendi tribuere poterat, uni è duobus pro se, totaque sua posteritate solemniter renuntiaverint, adeo ut ista utriusque Monarchiæ separatio, in legem fundamentalem abierit in comitiis Generalibus, vulgo LAS CORTES, Madriti, die 9. mensis Novembris 1712. receptam, & per Tractatus Trajectenses, die 11. Aprilis 1713. consolidatam, sua Majestas Cæsarea, legi adeò necessariæ & salutari ultimum complementum datura, atque omnem sinistræ suspicionis ansam tollere, tranquillitatique publicæ consulere volens, acceptat, & consentit, in ea quæ in Tractatu Trajectensi, super jure & ordine successionis in Regna Franciæ & Hispaniæ acta, sancita & transacta fuerunt, renuntiatique tam pro se, quam pro suis hæredibus, descendentibus & successoribus maribus & fœminis, omnibus ju-

nécessaire pour le repos public, les Princes qui par leur naissance, pourroient avoir droit à ces deux successions, ont renoncé solemnellement à l'une des deux, pour eux, & pour toute leur posterité, & que cette separation des deux Monarchies est devenue une loy fondamentale, qui a été reconnue par les Etats Generaux, nommez communément LAS CORTES, assemblez à Madrid le 9. Novembre 1712. & confirmée par les Traitez conclus à Utrecht le 11. Avril 1713 Sa Majesté Imperiale, pour donner la derniere perfection à une loi si nécessaire & si salutaire, & pour ne laisser plus à l'avenir aucun sujet de mauvais soupçon, & voulant assûrer la tranquilité publique, accepte & consent aux dispositions faites, reglées, & confirmées par le Traité d'Utrecht touchant le droit & l'ordre de succession aux Royaumes de
France

France & d'Espagne, & renonce, tant pour elle, que pour ses heritiers descendans, & successeurs mâles & femelles, à tous droits & à toutes pretentions generalement quelconques, sans aucune exception, sur tous les Royaumes, Pays & Provinces de la Monarchie d'Espagne, dont le Roy Catholique a été reconnu legitime possesseur par les Traitez d'Utrecht; promettant de plus d'en donner les Actes de renonciation autentiques, dans toute la meilleure forme, de les faire publier & enregistrer où besoin sera, & d'en fournir des expeditions en la maniere accoûtumée à Sa Majesté Catholique, & aux Puissances contractantes.

Article III.

En consequence de ladite renonciation, que a Majesté Imperiale a faite par le désir qu'elle a de contribuer au repos de rou-

ribus, omnibusque in universum prætentionibus quibuscunque, nulla penitus excepta, in quæcunque, Regna, Ditiones & Provincias Monarchiæ Hispanicæ, quarum Rex Catholicus, per Tractatus Trajectenses agnitus fuit legitimus possessor, solemnesque desuper Renunciationis actus, in omni meliore forma expediri, eosque publicari, & in acta loco congruo referri curabit, ac super his instrumenta solita suæ Majestati Catholicæ, Partibusque compaciscentibus, exhibituram se promittit.

Articulus III.

In vim dictæ Renunciationis, quam sua Majestas Cæsarea amore universæ Europæ securitatis, habitâ quoque eâ ratione, fecit, quòd

B

Dominus Dux Aurelianensis, juribus & rationibus suis in Regnum Hispaniæ, pro se & pro suis descendentibus, sub ea conditione renunciaverit, ne Imperator aut ullus ejusdem descendentium in dicto Regno succedere unquam posset; sua Majestas Cæsarea, agnoscit Regem Philippum V. legitimum Hispaniarum & Indiarum Regem, eidemque tribuere promittit titulos & prærogativas dignitati suæ, Regrisque suis debitas; sinet præterea eundem ejusque descendentes hæredes & successores, masculos & fœminas, pacifice frui cunctis iis Ditionibus Monarchiæ Hispanicæ in Europa, in Indiis & alibi, quarum possessio ipsi per Tractatus Trajectenses asserta fuit, neque eum in dicta possessione directè vel indirectè turbabit unquam, aut ullum jus in dicta Regna & Provincias sibi sumet.	te l'Europe, & parce que le Duc d'Orleans a renoncé pour lui & pour ses descendans, à ses droits & prétentions sur le Royaume d'Espagne, à condition que l'Empereur, ni aucun de ses descendans ne pourroient jamais succeder audit Royaume; Sa Majesté Imperiale reconnoît le Roi Philippe V. pour legitime Roy de la Monarchie d'Espagne & des Indes, promet de lui donner les titres & qualitez dûs à son rang, & à ses Royaumes, de laisser jouir paisiblement, lui, ses descendans, heritiers, & successeurs mâles & femelles, de tous les Etats de la Monarchie d'Espagne en Europe, dans les Indes & ailleurs, dont la possession lui a été assûrée par les Traitez d'Utrecht, de ne le troubler directement ni indirectement dans ladite possession, & de ne former jamais aucune prétention sur lesdits Royaumes & Provinces.

Article IV.

En consideration de la renonciation, & de la reconnoissance, que Sa Majesté Imperiale a faites par les deux articles précedens, le Roy Catholique renonce réciproquement, tant pour lui, que pour ses heritiers, descendans, & successeurs mâles & femelles, en faveur de Sa Majesté Imperiale, & de ses successeurs, heritiers, & descendans mâles & femelles, à tous droits & prétentions quelconques, sans rien excepter, sur tous les Royaumes, Pays, & Provinces, que Sa Majesté Imperiale possede en Italie, & dans les Pays-Bas, ou devra y posseder en vertu du present Traité, & generalement à tous les droits, Royaumes, & Pays en Italie, qui ont appartenu autrefois à la Monarchie d'Espagne, entre lesquels le Marquisat de Final, cedé par Sa Majesté Imperia-

Articulus IV.

Pro Renunciatione atque agnitione à sua Majestate Cæsarea, in præcedentibus duobus articulis factâ, Rex Catholicus vicissim renuntiat, tam suo quàm suorum hæredum, descendentium & successorum marium & fœminarum nomine, suæ Majestati Cæsareæ ejusque successoribus, hæredibus & descendentibus masculis & fœminis, cunctis juribus ac rationibus quascumque, nullâ penitus exceptâ, in omnia & quælibet Regna, Provincias & Ditiones, quæ vel quas sua Majestas Cæsarea in Italia vel in Belgio possidet, aut ei vigore præsentis Tractatûs obvenient, abdicatque se universim omnibus Juribus, Regnis & Provinciis in Italia, quæ olim ad Monarchiam Hispanicam pertinuerunt, quas inter Marchionatus Finaliensis à sua Majestate Cæsarea Reipublicæ Genuensi anno 1713. cessus,

disertè quoque comprehensus intelligatur, solemnesque desuper Renunciationis actus in omni meliori forma expediri, eosque publicari, & loco congruo in acta referri, curabit, ac super his, instrumenta consueta suæ Majestati Cæsareæ & Partibus compaciscentibus exhibituram se promittit. Sua Majestas Catholica renuntiat pariter Juri reversionis ad Coronam Hispaniæ, sibi, super Regno Siciliæ reservato, omnibúsque aliis actionibus & prætentionibus, quarum prætextu Suam Majestatem Cæsaream, ejus hæredes & Successores, directè vel indirectè, tam in supradictis Regnis & Provinciis, quàm in cunctis aliis Ditionibus, quas actu in Belgio vel ubicumque aliubi possidet, turbare posset.	le à la Republique de Gennes l'an 1713. doit être censé expressement compris, promettant de donner les actes solemnels de renonciation ci devant énoncez, dans toute la meilleure forme ; de les faire publier & enregistrer où besoin sera, & d'en fournir des expeditions à Sa Majesté Imperiale, & aux Puissances contractantes en la maniere accoûtumée. Sa Majesté Catholique renonce de même au droit de reversion à la Couronne d'Espagne, qu'elle s'étoit reservé sur le Royaume de Sicile, & à toutes autres actions, & prétentions, qui lui pourroient servir de prétexte pour troubler l'Empereur, ses heritiers, & successeurs, directement ou indirectement, tant dans lesdits Royaumes & Etats, que dans tous ceux qu'il possede actuellement dans les Pays-Bas, & par tout ailleurs.

ARTICLE V.

Comme l'ouverture aux successions des Etats possedez presentement par le Grand Duc de Toscane, & par le Duc de Parme & de Plaisance, si eux & leurs successeurs venoient à manquer sans posterité masculine, pourroit donner lieu à une nouvelle guerre en Italie, d'un côté par les droits que la presente Reine d'Espagne, née Duchesse de Parme, pretend avoir sur lesdites successions, après le décès des heritiers legitimes plus proches qu'elle; & d'un autre côté par les droits que l'Empereur & l'Empire prétendent avoir aussi sur lesdits Duchez; afin de prévenir les suites funestes de ces contestations, il a été convenu que lesdits Etats ou Duchez possedez presentement par le Grand Duc de Toscane, & par le Duc de Parme & de Plaisance seront reconnus à

ARTICULUS. V.

Quia vero eo casu quo, magnum Hetruriæ Ducem, prout etiam Ducem Parmæ Placentiæque, eorumque successores, absque liberis masculis decedere contingeret, ipsa ratio successionis in Ditiones ab iis possessas, novum facile bellum in Italia excitare posset, ob diversa videlicet successionis jura, quæ præsens Hispaniarum Regina, nata Ducissa Parmensis, post decessum propiorum ante se hæredum, ex una; ex altera verò parte, Imperator & Imperium, in dictos Ducatus sibi competere utrinque obtendunt. Quòd itaque gravibus ejusmodi contentionibus, & iis quæ inde nascerentur malis tempestivè obvietur, conventum fuit ut Status seu Ducatus, à præfatis magno Duce Hetruriæ, Parmæque & Placentiæ Duce, modò possessi, futuris in perpetuum retrò temporibus, ab omnibus Partibus contrac-

tantibus agnoscantur & habeantur, pro indubitatis Sacri Romani Imperii feudis masculinis. Vicissim Sua Majestas Cæsarea, per se, ceu Caput Imperii, consentit, ut si quando casus aperturæ dictorum Ducatuum, ob deficientiam hæredum masculorum, contingat, filius dictæ Hispaniarum Reginæ primogenitus, hujusque descendentes masculi, ex legitimo matrimonio nati, iisque deficientibus, secundo, aut alii postgeniti ejusdem Reginæ filii, si qui nascentur, pariter una cum eorum posteris masculis, ex legitimo matrimonio natis, in omnibus dictis Provinciis succedant. Quem in finem cùm & Imperii consensu opus sit, Sua Majestas Cæsarea, pro eo obtinendo, omnem operam impendet, eoque obtento Litteras expectativa, Investituram eventualem continentes, pro dicta Reginæ filio vel filiis, eorumque descendentibus masculis legitimis, in debita forma expedi-

l'avenir, & à perpetuité, par toutes les parties contractantes, & tenus indubitablement pour fiefs masculins du Saint Empire Romain; & lorsque la succession ausdits Duchez viendra à écheoir au défaut de successeurs mâles, Sa Majesté Imperiale, pour elle, comme Chef de l'Empire, consent que le fils aîné de la Reine d'Espagne, & ses descendans mâles nez de legitime mariage, & à leur défaut le second fils, ou les autres cadets de ladite Reine, s'il vient à en naître quelques-uns, pareillement avec leurs descendans mâles nez de legitime mariage, succedent dans tous lesdits Etats, & comme le consentement de l'Empire est requis pour cet effet, Sa Majesté Imperiale employera tous ses soins pour l'obtenir, & après l'avoir obtenu, elle fera expedier les lettres d'expectative, contenant l'investiture éventuelle pour le fils, ou les fils de ladite Reine, & leurs descendans mâles legitimes, en bonne & dûe forme, & les fera remettre aussi-tôt après entre les mains de Sa Majesté Catholique, ou du moins deux mois après l'échange des Ratifications, sans cependant qu'il en arrive aucun dommage ou préjudice, & sauf dans toute son étendue la possession des Princes qui tiennent actuellement lesdits Duchez.

Leurs Majestez Imperiale & Catholique sont convenues, que la Place de Livourne demeurera à perpétuité un Port franc de la même maniere qu'il l'est presentement.

En consequence de la renonciation que le Roy d'Espagne a faite à tous les Royaumes, Pays & Provinces en Italie qui appartenoient autrefois aux Rois d'Espagne, il cedera

ri easque Regi Catholico, mox, vel saltem post duos menses, à commutatis Ratificationum Tabulis, tradi curabit, absque ullo tamen damno aut præjudicio, salvâque per omnia Principum, qui dictos Ducatus in præsens obtinent, possessione.

Conventum præterea, inter sacram Cæsaream Majestatem, Regemque Catholicum fuit, quod Oppidum Liburni in perpetuum sit & permanere debeat Portus liber, eo planè modo quo nunc est.

Virtute Renunciationis ab Hispaniarum Rege, in universas Italiæ Ditiones, Regna ac Provincias, quæ olim ad Reges Hispaniæ pertinebant, facta, ipse Rex præfato Principi suo fi-

lio, Urbem Portûs Longi, unà cum ea parte Insulæ Ilvæ, quam in illa actuitùm tenet, cedit, tradetque quamprimùm dictus Princeps, extinctâ Magni Hetruriæ Ducis posteritate masculinâ, in actualem ejusdem Dittonum possessionem, immissus fuerit.

Transactum insuper, ac solemni stipulatione cautum fuit, quod nullus prædictorum Ducatuum ac Dittonum, ullo unquam tempore aut casu possideri possit aut debeat, à Principe qui uno tempore Regnum Hispaniæ obtinet, & quod nullus unquam Hispaniarum Rex, tutelam ejusmodi Principis assumere possit, aut gerere valeat.

Denique conventum est, & in id omnes singulæque partes contrahentes pariter sese obligarunt, nunquam iri admissum, ut viventibus adhuc præsentibus Du-

& remettra audit Prince son fils, la Place de Portolongone, avec ce que Sa Majesté Catholique possede actuellement de l'Isle d'Elbe, aussi-tôt que par la vacance de la succession du Grand Duc de Toscane, au defaut de descendans mâles, ledit Prince d'Espagne aura été mis en possession actuelle desdits Etats.

Il a été reglé pareillement & stipulé solemnellement, qu'aucun desdits Duchez & Etats, ne pourra ou ne devra jamais dans quelque temps, ou quelque cas que ce soit, être possedé par aucun Prince, qui sera en même temps Roy d'Espagne, & qu'un Roy d'Espagne ne pourra jamais prendre & gerer la tutelle du même Prince.

Enfin il a été convenu entre toutes & chacune des Parties contractantes, & elles se sont pareillement engagées, à ne point permettre que pendant la vie

vie des presens possesseurs des Duchez de Toscane & de Parme, ou de leurs successeurs mâles, l'Empereur & les Rois de France & d'Espagne, & le Prince désigné cy-dessus, pour cette succession, puissent jamais introduire aucuns soldats de quelque nation qu'ils soient de leurs propres troupes, ou autres à leur solde, dans les pays & terres desdits Duchez, ny établir des garnisons dans les Villes, Ports, Citadelles & Forteresses qui y sont situées.

Mais afin de procurer une sûreté encore plus grande contre toute sorte d'événemens, audit fils de la Reine d'Espagne désigné par ce Traité, pour succeder au Grand Duc de Toscane, & au Duc de Parme & de Plaisance, & de le rendre plus certain de l'execution de ce qui luy est promis pour ladite succession, de même que pour mettre hors de toute

catuum Hetruriæ, Parmæque possessoribus, aut eorum successoribus masculis, ullus unquam miles, cujuscumque Nationis, sive proprius, sive conductitius, ab Imperatore & Regibus, Hispaniæ ac Galliæ, aut etiam à Principe, ad eam successionem supra designato, in dictorum Ducatuum Provincias & Terras induci, aut ullum ab iis Præsidium Urbibus, Portubus, Oppidis & Fortalitiis in iis sitis imponi possit.

Ut verò dictus Reginæ Hispaniæ filius, ad magni Ducis Hetruriæ, Parmæque & Placentiæ Ducis successionem, per hunc Tractatum designatus, contra omnes casus uberiore securitate fruatur, certiorque de executione promissæ sibi successionis reddatur, necnon Imperatori & Imperio feudum desuper constitutum illibatum maneat, utrinque placuit, ut miles Præsidiarius, numerum tamen sex millium non excedens, in præcipua ejusdem Oppida, *Liburnum scilicet*, *Portum-Ferraium*, *Parmam*, *Placentiamque imponatur*, ab *Helvetiæ Pagis*, vel ut vocant, *Cantonibus*, quibus *Cantonibus* hunc in finem subsidium solvent tres partes contrahentes, mediatoris vices gerentes, at miles ille ibidem continuetur, usque dum casus dictæ successionis, quo Oppida sibi commissa, dicto Principi ad eandem designato, tradere tenebitur, existat, absque ulla tamen molestia aut sumptu præsentium possessorum, eorumque successorum masculorum, quibus etiam dicti milites Præsidiarii, juramentum fidelitatis sunt præstituri, nec aliam ullam sibi assument auctoritatem, præter solam *Urbium* tuitionem *Custodiæ* suæ *Commissarum*.

atteinte la feodalité établie sur lesdits Etats, en faveur de l'Empereur & de l'Empire; il a été convenu de part & d'autre, que les Cantons Suisses mettront en garnison dans les principales places de ces Etats, sçavoir à Livourne, à Portoferraio, à Parme & à Plaisance, un Corps de Troupes, qui n'excedera cependant pas le nombre de six mille hommes, que pour cet effet les trois Parties contractantes, qui font l'office de Mediateurs, payeront auxdits Cantons les subsides necessaires pour leur entretien, & qu'elles y resteront, jusqu'à ce que le cas de ladite succession arrive, & qu'alors elles seront tenues de remettre au Prince désigné pour la recueillir, les Places qui leur auront été confiées, sans cependant que cela cause aucun préjudice ou aucune dépense aux presens possesseurs, & à leurs successeurs mâles, à qui lesdites

Troupes prêteront serment de fidélité, & elles ne prendront point d'autre autorité, que celle de défendre les Places dont elles auront la garde.

Et comme le temps que l'on pourroit employer à convenir avec les Cantons Suisses, du nombre de ces Troupes, des subsides qu'on leur fournira, & de la maniere de les lever, apporteroit peut-être trop de retardement à un ouvrage aussi salutaire, sa sacrée Majesté Britannique par le desir sincere qu'elle a de l'avancer, & pour parvenir encore plûtôt au rétablissement de la tranquillité publique, qui est le but qu'on se propose, ne refusera pas, si les autres contractans le jugent à propos, de fournir de ses propres Troupes pour l'usage marqué cy-dessus, en attendant que celles qui seront levées en Suisse puissent prendre la garde desdites Places.

Cùm autem donec de numero & stipendio & modo talis militis instituendi, cum Helvetiorum Pagis conventatur, longior forte, quàm operi tam salutari expediat, mora efflagitari posset, Sacra Regia Majestas Britannica, pro singulari suo, in id, tranquillitatemque publicam, studio, & scopo citiùs assequendo, interim, si reliquis Contrahentibus ita è re visum fuerit, proprium suum militem ad supra memoratum usum præbere, haud denegabit, donec miles in Helvetiorum Pagis conscribendus, tuitionem & custodiam dictarum Urbium assumere possit.

C ij

ARTICULUS VI.

Sua Majestas Catholica ad testificandam sinceram suam in tranquillitatem publicam voluntatem, consentit iis quæ infra de Regno Siciliæ in commodum suæ Majestatis Cæsareæ disponuntur, renuntiatque, pro se suisque hæredibus & successoribus, maribus & fœminis, juri reversionis dicti Regni ad Coronam Hispaniæ, per instrumentum cessionis die 10. Junii 1713. disertè eidem reservato, amoreque boni publici, dicto actui 10. Junii 1713. in quantum opus est; Item & articulo sexto Tractatus, se inter, Regiamque suam Celsitudinem Ducem Sabaudiæ Trajecti initi, prout & generaliter omni ei derogat, quod retrocessioni, dispositioni, & permutationi memorati Regni Siciliæ, per præsentia Pacta stabilitæ, adversari posset, eâ tamen conditione, ut jus reversionis Insulæ & Regni Sardiniæ, ad eandem Coronam eidem vicissim cedatur

ARTICLE VI.

Sa Majesté Catholique, pour donner une preuve sincere de ses bonnes intentions pour le repos public, consent à la disposition qui sera faite ci-après du Royaume de Sicile, en faveur de l'Empereur; renonce pour elle & pour ses heritiers, & successeurs, mâles & femelles, au droit de reversion dudit Royaume à la Couronne d'Espagne, qui lui avoit été reservé expressément par l'acte de cession du 10. Juin 1713. & en faveur du bien public déroge autant que besoin seroit audit acte du 10. Juin 1713. & à l'Article VI. du Traité conclu à Utrecht, entre Sa Majesté Catholique & Son Altesse Royale le Duc de Savoye, & generalement à tout ce qui pourroit être contraire à la retrocession, disposition, & échange dudit Royaume de Sicile, ainsi qu'il est stipulé par les presentes conventions ; à condition toutefois, qu'en échange, le droit de reversion sur l'Isle & Royaume de Sardaigne à la même Couronne lui sera cedé & assûré, comme il est expliqué plus au long ci-dessous, dans l'Article II. des conventions entre Sa Majesté Imperiale & le Roy de Sicile.

ARTICLE VII.

L'Empereur & le Roi Catholique promettent mutuellement, & s'engagent, à la défense ou garentie reciproque de tous les Royaumes & Provinces qu'ils possedent actuellement, ou doivent posseder en vertu du present Traité.

ARTICLE VIII.

Leurs Majestez Imperiale & Catholique, executeront immediatement après l'échange des Ratifications des presentes conventions, toutes & chacunes, des conditions qui y sont contenues, & cela dans l'espace

& asseratur, prout infra articulo secundo conventionum inter Sacram Majestatem Cæsaream & Regem Siciliæ magis explicatur.

ARTICULUS VII.

Imperator & Rex Catholicus, spondent mutuò, seseque obstringunt ad defensionem, seu guarantiam reciprocam omnium Regnorum & Provinciarum, quæ vel quas actu possident, aut quorum possessio ad illos, vigore hujus Tractatus pervenire debet.

ARTICULUS VIII.

Sua Majestas Cæsarea, Suaque Regia Catholica Majestas executioni mandabunt, statim à commutatione Ratificationum præsentium Conventionum, omnes & singulas conditiones in iis comprehensas, idque intra spatium ad

summum duorum mensium, instrumentaque Ratificationum dictarum Conventionum commutabuntur Londini, intra terminum duorum mensium à die suscriptionis computandorum, aut citiùs si fieri potest; Quâ conditionum executione praviè factâ, eorum Ministri Plenipotentiarii ab iis nominandi, in loco Congressûs, de quo inter se convenerint, quantocius cætera Pacis suæ particularis puncta singillatim, sub mediatione trium Partium Compacicentium, component atque definient.

Conventum præterea fuit, quod in Tractatu Pacis inter Imperatorem & Regem Hispaniarum peculiariter ineundâ, concedetur amnestia generalis, pro omnibus personis cujuscumque statûs, dignitatis, gradûs, aut sexûs sint, tam Ecclesiasticis quàm Militaribus, Politicis & Civilibus, quæ durante ultimo bello.

de deux mois au plus tard, & les Ratifications desdites conventions seront échangées à Londres dans l'espace de deux mois, à compter du jour de la signature, où plutôt si faire se peut; & immediatement après l'execution préalable desdites conditions, leurs Ministres Plenipotentaires qui seront autorisez d'elles, conviendront dans le lieu du Congrez dont elles seront demeurées d'accord, & cela le plutôt que faire se pourra, des autres détails de leur paix particuliere, par la mediation des trois Puissances contractantes.

De plus, il a été convenu, que dans le Traité particulier de Paix à faire, entre l'Empereur & le Roy d'Espagne, il sera accordé une amnistie generale pour toutes les personnes, de quelque état, dignité, rang & sexe qu'elles soient, tant de l'état Ecclesiastique, que du militaire ou du Civil, qui auront suivi le parti de l'une ou de l'autre Puissance, pendant le cours de la derniere guerre, en vertu de laquelle amnistie, il sera permis à toutes lesdites personnes, & à chacune d'elles, de rentrer dans la pleine possesion & jouissance de leurs biens, droits, privileges, honneurs, dignitez & immunitez, pour en jouir aussi librement qu'elles en jouissoient au commencement de la dernier guerre, ou au temps que lesdites personnes se sont attachées à l'un ou à l'autre parti, nonobstant les Confiscations, Arrêts & Sentences donnez, ou prononcez pendant la guerre, lesquels seront comme nuls & non avenus; & de plus en vertu de ladite amnistie, toutes & chacunes desdites personnes qui auront suivi l'un ou l'autre parti, seront en droit & en liberté de rentrer dans leur patrie, & de jouir de leurs

Partes unius aut alterius Principis secutæ sunt, vigore cujus, universis & singulis dictis personis permittetur, licebitque recipere plenariam possessionem & usumfructum suorum bonorum, jurium, privilegiorum, honorum, dignitatum & immunitatum, iisque utentur, fruenturque æquè liberè ac iis sub initium ultimi belli, vel quo tempore uni alterive parti cœperunt adhærere, gavisæ & fruitæ fuerunt, non obstantibus Confiscationibus, Arrestis & Sententiis sub bello factis, latis aut pronuntiatis, quæ pro nullis & ceu non factis habebuntur. Insuper virtute ejusdem amnestiæ, omnibus & singulis dictis personis quæ unam alteramve partem secutæ sunt, fas liberumque erit repetere Patriam suam, bonisque suis uti, frui, planè ac si bellum nullum intervenisset, datâ eis omnimodâ facultate, dicta bona sua, sive per se, si præsentes sint, sive per Procuratores, si abesse à Patria maluerint, *administrandi, eaque vendendi, aut de illis, quocunque alio modo pro libitu suo disponendi, ad eum omnino modum quo ante cœptum bellum, de iis disponere valuere.*

biens, comme si la guerre n'étoit point avenue, avec plein droit d'administrer leurs biens en personne, si elles sont presentes, ou par Procureur si elles aiment mieux être hors de leur patrie, de les pouvoir vendre ou en disposer, de telle maniere qu'elles jugeront à propos, comme elles étoient en droit de le faire avant le commencement de la guerre.

CONDITIONUM
Tractatus concludendi, inter Suam Majestatem Cæsaream, & Regem Siciliæ.

CONDITIONS
du Traité à faire entre Sa Majesté Imperiale, & le Roy de Sicile.

ARTICULUS I.

POstquam Cessio Siciliæ, Domui Sabaudicæ per Tractatus Trajectenses, unicâ consolidandæ Pacis causâ, nulloque Regis Siciliæ in eam habito jure, facta, teste universâ Europâ, ad scopum illum assequendum adeo nihil contulerit, ut ma-

ARTICLE I.

TOUTE l'Europe ayant reconnu, que la disposition de la Sicile en faveur de la Maison de Savoye, qui avoit été faite par les Traitez d'Utrecht, uniquement dans la vûe d'assûrer la Paix, sans que le Roy de Sicile prétendit avoir

avoir aucun droit à ce Royaume; loin de contribuer à cette fin, avoit été le principal obstacle qui avoit empêché jusqu'à présent l'Empereur d'y donner les mains; parce que la séparation des Royaumes de Naples & de Sicile, qui ont été si longtems unis sous la même domination, & sous le nom commun des deux Siciles, est contraire, non seulement aux interêts communs de ces deux Royaumes, & à leur mutuelle conservation, mais encore au repos du reste de l'Italie, pouvant donner lieu tous les jours à de nouveaux troubles, par la correspondance & les anciennes liaisons des deux Peuples, qu'on ne détruiroit pas aisément, & par la diversité des interêts de leurs Maîtres, qu'il seroit difficile de concilier. Les Puissances qui ont mis la premiere main aux Traitez d'Utrecht, ont crû qu'on se-

gnum potiùs obstaculum effecerit, quominùs Imperator eisdem Tractatibus accesserit, eo quod separatio Regnorum Neapolis & Siciliæ, sub uno eodemque Dominatu, vulgarique utriusque Siciliæ appellatione, tam diu stare solita, non modò communibus utriusque Regni rationibus, mutuæque conservationi, verùm etiam reliquæ Italiæ quieti adversetur, novas in dies turbas paritura, dum vetus illa necessitudo & commercia inter utrumque Populum neque tolli, neque diversorum Principum rationes, tam facilè conciliari se sinant; hinc est, quod Principes, qui Tractatibus Trajectensibus primam manum admovêre, licere sibi, etiam citra assensum eorum quorum interest, existimarint, unum illum Tractatûs Trajectensis articulum, qui Regnum Siciliæ spectat, neque aliquam ejus adeò præcipuam partem facit, abrogare. Iis potissimum

D

rationibus nixi, quod præ-sens Tractatus, ab renuntiatione Cæsaris, incrementum, complementumque suum recipiat, & quod per commutationem Regni Siciliæ, cum Regno Sardiniæ, impendentia Italiæ bella præverterentur, quando Imperator Siciliam, cui nunquam renuntiavit, armis, quod post fractam, occupatâ Sardiniâ, Italiæ neutralitatem, jure potest, repeteret; Prætereà quod Regi Siciliæ, beneficio Tractatus adeò solemnis, cum suâ Majestate Cæsareâ, & à primis Europæ Principibus guarantigiati, certus, permansurusque status obtingeret. His tantis igitur rationibus permoti convenerunt, quod Rex Siciliæ, Insulam, Regnumque Siciliæ, cum omnibus suis dependentiis & annexis, suæ Majestati Cæsareæ, in eo quo nunc sunt statu, mox, vel ad summum, duos post menses, à commutatione ratificationum præsentis Tra-

roit bien fondé, même sans le consentement des Parties interessées, à déroger à l'article seul du Traité d'Utrecht, qui regarde la disposition du Royaume de Sicile, qui n'est pas essentiel au Traité; en consideration de l'accroissement, & de la perfection que ce même Traité reçoit par la Renonciation de l'Empereur, qu'on previendroit, par l'échange du Royaume de Sicile, avec celui de Sardaigne, les Guerres dont l'Italie est menacée, si Sa Majesté Imperiale revendiquoit par les Armes la Sicile, à laquelle Elle n'a jamais renoncé, & qu'Elle est en droit d'attaquer, depuis l'atteinte qui a été donnée à la neutralité d'Italie, par l'occupation de la Sardaigne; & qu'on asssureroit en même-temps au Roy de Sicile un Etat certain & permanent, par un Traité aussi solemnel avec Sa Majesté Imperiale, & par la garentie des principales Puissances de l'Europe. Sur des motifs si puissans, on est convenu, que le Roy de Sicile remettra à l'Empereur l'Isle & Royaume de Sicile, avec toutes ses dépendances, & annexes dans l'état où ils se trouvent actuellement, immédiatement après l'échange des Ratifications du présent Traité, ou au plûtard deux mois après; renonçant à tous droits & prétentions audit Royaume, pour lui, ses héritiers, & successeurs, mâles & femelles, en faveur de Sa Majesté Impériale, ses héritiers, & successeurs, mâles & femelles, sans clause de réversion à la Couronne d'Espagne.

statûs, restituet, renunciatis Cæsari ejusque hæredibus & successoribus utriusque sexûs, in dictum Regnum juribus & actionibus quibuscumque, tam pro se, quam pro suis hæredibus & successoribus masculis & feminis, sublatâ penitus ejus ad Coronam Hispaniæ reversione.

Article II.

En échange Sa Majesté Impériale remettra au Roy de Sicile, l'Isle & Royaume de Sardaigne dans le même état qu'Elle l'aura reçû du Roy Catholique, & renoncera à tous droits

Articulus II.

Vicissim sua Majestas Cæsarea, cedet Regi Siciliæ, insulam regnumque Sardiniæ, in eo quo illud à Rege Catholico receperit statu, renuntiabitque omnibus juribus & actionibus in di-

D ij

ctum Regnum, pro se, suis hæredibus & succefforibus utriusque sexûs, in favorem Regis Siciliæ, ejusque hæredum & succefforum, ad illud deinceps, cum titulo Regni, cunctisque Regio axiomati annexis honoribus, perpetuò possidendum, prout Regnum Siciliæ posséderat; salvâ tamen, uti supra dicti regni Sardiniæ ad Coronam Hispaniæ reverfione, quando Regem Siciliæ absque posteris masculis, & totam domum Sabaudicam succefforibus masculis, destitui contingeret: cæterum ad eum plane modum, quo dicta reverfio, per Tractatus Trajectenses, & per actum cessionis confequenter à Rege Hispaniæ factæ, pro Siciliæ regno pacta & ordinata fuit.

& actions audit Royaume de Sardaigne, pour Elle, ses héritiers & succeffeurs mâles & femelles, en faveur du Roy de Sicile, ses héritiers & succeffeurs, pour le posséder désormais, & à toûjours, à titre de Royaume, avec tous les honneurs attachez à la Royauté, comme il avoit possedé le Royaume de Sicile; sauf cependant, comme il a été stipulé ci-deffus, la réversion dudit Royaume de Sardaigne à la Couronne d'Espagne, au défaut des descendans mâles du Roy de Sicile, & des succeffeurs mâles de toute la Maison de Savoye, de la même maniere, que ladite réverfion avoit été stipulée & reglée pour le Royaume de Sicile, par les Traitez d'Utrecht, & par l'Acte de cession faite en conséquence, par le Roy d'Espagne.

Articulus III.
Sua Majestas Cæsarea,

Article III.
Sa Majesté Impériale

confirmera au Roy de Sicile, toutes les cessions qui lui ont été faites par le Traité signé à Turin le 8. Novembre 1703. tant de la partie du Duché de Montferrat, que des Provinces, Villes, Bourgs, Châteaux, Terres, lieux, droits & revenus dans l'Estat de Milan qu'il possede, & de la maniere, dont il les possede actuellement; & promettra pour Elle, ses descendans & successeurs, de ne le jamais troubler, ni ses héritiers, descendans, & successeurs dans ladite possession, à condition toutesfois, que toutes les autres actions ou prétentions, que ledit Roy de Sicile pourroit former en vertu dudit Traité, seront & demeureront à jamais éteintes.

confirmabit Regi Siciliæ, omnes, per tractatum signatum Taurini 8. Novembris 1703. Eidem factas cessiones, tam illius partis Ducatûs Montisferrati, quàm Provinciarum, Urbium, Oppidorum, Castellorum, terrarum, locorum, jurium & redituum de Statu Mediolanensi, quæ possidet, eo modo quo ea actu possidet, spondebitque pro se, suis descendentibus & successoribus, nunquam se, neque illum, nec ejus hæredes & successores in dicta possessione esse turbaturum, eâ tamen lege, quod omnes cæteræ actiones seu prætensiones, quæ dicto Regi Siciliæ virtute memorati Tractatûs competere forte possent, perpetuò peremptæ sint & maneant.

ARTICLE IV.

Sa Majesté Impériale reconnoîtra le droit du Roy de Sicile, & de Sa Maison, pour succeder im-

ARTICULUS IV.

Sua Majestas Cæsarea agnoscet jus Regis Siciliæ, ejusque Domûs, succedendi immediatè in Regno Hisppaniæ & Indiarum, in casum, quando Rex Philippus V. ejusque posteri deficient, eo modo ac per renunciationes Regis Catholici, Ducis Biturigum, Ducis Aurelianensis, & Tractatus Trajectenses stabilitum fuit, promittetque sua Majestas Cæsarea, tam pro se, quàm pro suis successoribus & descendentibus, quod nullo unquam tempore eidem se directè vel indirectè opponere, aut quidquam in contrarium obmovere velit; hâc tamen declaratione adjectâ, quod nullus Princeps è Domo Sabaudicâ, qui in Regno Hispaniæ succedet, ullam unquam provinciam, seu ditionem, uno tempore possidere in continente Italiæ possit, & quod in eum casum, istæ provinciæ devolventur ad Principes collaterales istius Domûs, quorum unus post alium secundùm proximitatem sanguinis in iis succedet.

médiatement à la Couronne d'Espagne, & des Indes, au défaut du Roy Philippe V. & de sa postérité, de la manière qu'il est établi par les Renonciations du Roy Catholique, du Duc de Berry, du Duc d'Orleans, & par les Traitez d'Utrecht; & Sa Majesté Impériale promettra, tant pour Elle, que pour ses successeurs & descendans, de n'y jamais faire aucune opposition, directement, ni indirectement, & de ne jamais former aucune prétention contraire. Bien entendu pourtant qu'aucun Prince de la Maison de Savoye, qui succedera à la Couronne d'Espagne, ne pourra jamais posseder en même-temps aucun Estat ou Païs, dans le continent d'Italie; & qu'alors ces Estats passeront aux Princes collateraux de cette Maison, qui y succederont l'un après l'autre, selon la proximité du sang,

Article V.

Sa Majesté Impériale & le Roy de Sicile, se garentiront mutuellement tous les Royaumes & Etats qu'ils possedent actuellement en Italie, ou qu'ils y doivent posseder, en vertu du présent Traité.

Article VI.

Sa Majesté Impériale & le Roy de Sicile, exécuteront, immédiatement après l'échange des Ratifications des présentes conventions, toutes & chacune les conditions qui y sont contenues; & ce dans l'espace de deux mois au plûtard; & les Ratifications desdites conventions seront échangées à Londres, dans l'espace de deux mois, à compter du jour de la signature, ou plûtôt si faire se peut. Et immédiatement après l'exécution préalable desdites conditions, leurs Ministres Plenipotentiaires au-

Articulus V.

Sua Majestas Cæsarea & Rex Siciliæ, mutuam tutelam seu guarantiam sibi præstabunt, pro Regnis & Provinciis universis, quas actu in Italia possident, aut vigore hujus Tractatûs eis obvenient.

Articulus VI.

Sua Majestas Cæsarea, & Rex Siciliæ, statim à commutatione Ratificationum istarum conventionum, executioni dabunt omnes & singulas conditiones in iis contentas; idque intra spatium ad summum duorum mensium, Ratificationumque instrumenta dictarum conventionum commutabuntur Londini, in termino duorum mensium à die subscriptionis, aut citiùs si fieri potest; & mox ab executione præviâ dictarum conditionum, eorum Ministri Plenipotentiarii, ab iis nominandi, in loco congressûs, de quo ipsi mutuò convenerint, *sub mediatione trium partium contractantium, cætera sigillatim puncta pacis suæ particularis component.*

Quòd aliè fata sua Majestas Cæsarea Catholica, ad promovendum ejusmodi Pacis propositum, & ad Averruncanda dira bellorū mala sæpe proniſſima, præ incertas conventiones, omnesque & singulos earumdem articulos, ex sincero consolidandæ universalis pacificationis desiderio, acceptaverit, prout hisce acceptat, ac proinde, cum præmemoratis tribus Potentiis, fœdus peculiare in sequentes conditiones pepigerit.

Articulus I.

Sit, maneatque inter sacram Cæsaream Catholicam Majestatem, sacram Regiam Majestatem Chri-

32

torisez d'Elles, conviendront dans le lieu du congrès dont Elles seront demeurées d'accord, des autres détails de leur Traité particulier, par la médiation des trois Puiſſances contractantes.

Que Sadite Majeſté Impériale Catholique, étant d'Elle-même tres-portée à avancer l'ouvrage de la Paix, & à éloigner les suites funeſtes de la Guerre, par un desir sincere d'affermir la tranquillité publique, a accepté comme Elle accepte, en vertu du préſent Traité, les conventions inſerées ci-deſſus, & tous & chacuns de leurs articles; Et en conſequence, Elle a conclu avec leſdites trois Puiſſances une Alliance particuliere, dont les articles suivent.

Article I.

Il y aura entre sa Sacrée Majeſté Impériale Catholique, ſa Sacrée Majeſté Tres-Chrétienne, ſa Sacrée

crée Majesté Britannique, & les Hauts & Puissans Seigneurs Etats Generaux des Provinces-Unies des Païs-Bas, leurs héritiers & successeurs, une Alliance très-étroite; en vertu de laquelle chacune de ces Puissances sera tenuë de défendre les Etats & Sujets des autres, de maintenir la Paix, de procurer leurs avantages comme les siens propres, & de prévenir & détourner toutes sortes de dommages & d'injures.

stianissimam, *sacram Regiam Majestatem Magnæ Britanniæ, Celsosque ac Potentes Dominos, status generales fœderati Belgii, eorumque hæredes & successores, fœdus arctissimum, vigore cujus, singuli, Ditiones & subditos aliorum tueri, nec non Pacem manutenere, propriaque ipsorum commoda, seu sua mutuo promovere, damna vero & injurias cujuscumque generis prævenire avertereque, teneantur.*

Article II.

Les Traitez conclus à Utrecht, & à Bade en Suisse, subsisteront dans leur entier, & dans toute leur force & vigueur, & feront partie de celui-ci, à l'exception des articles, ausquels le bien public a exigé expressément qu'il fût dérogé par le présent Traité: Comme aussi des Articles des Traitez d'Utrecht, ausquels il a été dérogé par le Traité de

Articulus II.

Tractatus Trajecti, Badæque Helvetiorum initi, in suo vigore & robore firmi permaneant, partemque istius efficiant, exceptis tamen iis articulis, quibus per præsentem tractatum expresse derogare è republicâ visum est, ut & iis Tractatuum Trajectensium articulis, quibus per Tractatum Badensem derogatum fuit. Attamen Tractatus fœderis West-Monasterii sub

E

25. Mensis Maii anno 1716. inter sacram Cæsaream Catholicam Majestatem, nec non inter sacram Regiam Magnæ Britanniæ Majestatem, celebratus, prout & alter ille die quarta Januarii anno 1717. Hagæ Comitis inter Christianissimum & Magnæ Britanniæ Reges, Statusque Generales fœderati Belgii initus, plenum suum per omnia robur ac vim obtineant.

Bade; Cependant le Traité d'Alliance, conclu à Londres le 25. May de l'année 1716. entre sa Sacrée Majesté Impériale Catholique, & sa Sacrée Majesté Britannique, demeurera en pleine force & vigueur dans toute son étendue, aussi-bien que le Traité d'Alliance, conclu à la Haye le 4. Janvier 1717. entre leurs Majestez Tres-Chrétienne & Britannique, & les Etats Generaux des Provinces Unies des Pays-Bas.

Articulus III.

Sacra Majestas Christianissima, prout & sacra Majestas Britannica, Dominique Status Generales Fœderati Belgii, pro se suisq; hæredibus & successoribus spondent, quod sacram Majestatem Cæsaream Catholicam, ejusque hæredes & successores in nullo penitus suorum Regnorum, Ditionum & Provinciarum, quæ vel quas nunc possidet, vigo-

Article III.

Sa Majesté Tres-Chrétienne, conjointement avec Sa Majesté Britannique, & les Seigneurs Etats Generaux des Provinces-Unies des Pays-Bas, promettent pour eux, leurs héritiers & successeurs, de ne jamais troubler directement, ni indirectement sa Sacrée Majesté Impériale Catholique, ses héritiers & successeurs, dans aucun des Royaumes, Pays & Provinces, qu'Elle possede présentement, en vertu des Traitez d'Utrecht, & de Bade, ou dont elle obtiendra la possession par le présent Traité ; mais au contraire, de garentir tous les Royaumes, Provinces & Droits qu'Elle possede ou possedera, en vertu de ce Traité, tant en Allemagne, & dans les Pays-Bas, qu'en Italie ; s'engageant de défendre lesdits Royaumes & Pays de sa Sacrée Majesté Impériale Catholique, contre tous & chacuns de ceux qui pourroient les attaquer, & de fournir à sa Sacrée Majesté Impériale Catholique, le cas arrivant, les secours dont Elle aura besoin, suivant les conditions & la répartition cy-après stipulées. Pareillement leurs Majestez Tres-Chrétienne & Britannique, & les Etats Generaux, s'obligent expressément, de ne donner ou accorder

re Trajecti, Badæque Tractatuum, aut quorum, quarumve possessionem vigore hujus Tractatûs obtinebit, nec directe, nec indirecte turbare unquam, quin potiùs ejusdem Provincias, regna & jura, quæ modò possidet, aut vi hujus Tractatûs eidem obvenient, tàm in Germaniâ quàm in Belgio & Italiâ, tutari, & ut aiunt, guarantigiare velint ac debeant, expromittentes sese dictæ sacræ Cæsareæ Catholicæ Majestatis Regna & Provincias contra omnes & singulos qui eas hostiliter invadere tentarent, defendere, eique, eveniente casu, submittere velle & debere auxilia quibus opus habebit juxtà conditiones & partitionem, de quibus infra, inter eos convenit. Pariter utraque præfata Christianissima & Britannica Majestas Regia, ac Status Generales diserte se obstringunt quod nullam unquàm protectionem aut azylum, in ullo sua-

E ij

rum Ditionum loco, dare, concedere ve subditis sacræ Majestatis Cæsareæ Catholicæ, velint, qui actutum sunt, aut in futurum ab eâ declarati fuerint rebelles, & casu quo ejusmodi forte in eorum Regnis, Provinciis & Dominiis existerint, ii, ut à finibus suis, intra octo dies à factâ interpellatione Cæsareâ expellantur, serio securatures sincere pollicentur.

Articulus IV.

Vicissim sacra Majestas Cæsarea Catholica, sacra Regia Majestas Britannica, Fœderatique Belgii Status Generales, pro se suisque hæredibus & successoribus promittunt, quod sacram Majestatem Christianissimam, in nullâ penitus suarum Ditionum ad Coronam Galliæ nunc spectantium, nec directè nec in-

aucune protection ni azile, dás aucun endroit de leurs Etats, à ceux des Sujets de sa Sacrée Majesté Impériale Catholique, qui sont actuellement, ou qui seront à l'avenir déclarez rebelles : Et en cas qu'il s'en trouve de tels dans leurs Royaumes, Pays & Provinces, ils promettent sérieusement & sincerement de donner les Ordres nécessaires, pour les en faire sortir, huit jours après qu'ils en auront été requis de la part de Sa Majesté Impériale.

Article IV.

Sa Sacrée Majesté Impériale Catholique, promet réciproquement pour Elle, ses héritiers & successeurs, conjointement avec sa Sacrée Majesté Britannique, & les Etats Generaux des Provinces-Unies des Pays-Bas, de ne jamais troubler directement, ni indirectement sa Sacrée Majesté Tres-Chrétienne, dans aucun des Etats que la Couronne de France possede actuellement, mais au contraire de les garantir & défendre contre tous & chacuns de ceux qui pourroient les attaquer, & de fournir en ce cas les secours dont le Roy Tres-Chrétien aura besoin, suivant qu'il est stipulé ci-après.

Pareillement sa Sacrée Majesté Impériale Catholique, sa Sacrée Majesté Britannique, & les Seigneurs Etats Généraux, promettent & s'engagent, de maintenir, garantir & défendre le droit de succession au Royaume de France, suivant la teneur des Traitez conclus à Utrecht le 11. Avril 1713. s'obligeant à soûtenir ladite succession, suivant la rénonciation qui a été faite par le Roy d'Espagne le 5. Novembre 1712. & acceptée dans les Etats Généraux d'Espagne, par un Acte solemnel le 9. desdits mois & an, dont en con-

directè turbare unquam, quin potiùs easdem contra omnes & singulos qui illas hostiliter invadere tentarent, tueri ac defendere, eidemque in eum casum auxilia submittere velint & debeant, quibus Rex Christianissimus opus habebit, juxta ac infra transactum est.

Pariter sacra Majestas Cæsarea-Catholica, sacra Majestas Regia Britannica, & Domini Status Generales, promittunt seseque obligant, quod manutenere, guarantigiare, & defendere velint ac debeant jus successionis in Regno Franciæ, juxta tenorem Tractatuùm Trajecti 11. Aprilis anno 1713. initorum, obstringentes se, ad tutandam dictam successionem, plane ad normam Renunciationis quæ à Rege Hispaniarum 5. Novembris anno 1712. factâ & 9. ejusdem mensis & anni, in Comitiis generalibus Hispaniæ per solemnem actum acceptata fuit, quæ subinde die 8. Martii, anni 1713. in legem abiit, & postremò per dictos Tractatus Trajecti stabilita & ordinata fuit, idque contra omnes quoscunque, qui ordinem dictæ successionis contra præmissos Actus & subsecutivos Tractatus, turbare præsumerent, quem in finem, auxilia juxta partitionem infra conventam suppeditabunt. Quin, ubi res postularet, omnibus viribus dictum successionis ordinem propugnabunt, denunciato etiam bello, ei qui eumdem infringere, aut impugnare tentaret.

Insuper sua Majestas Cæsarea Regio-Catholica, & Majestas Regia Britannica, Statusque Generales, pariter se obstringunt, quod nullum unquam tutamen aut azylum, in suis Ditionibus, dabunt aut concedent subditis Majestatis Regiæ Christianissimæ, qui actutum sunt, aut olim fuerint declarati rebelles, &

séquence il a été fait une loy le 8. Mars 1713. & qui a enfin été reglée & établie par lesd. Traitez d'Utrecht, & cela contre tous ceux qui voudroient troubler l'ordre de ladite succession, au préjudice des Actes susdits, & des Traitez faits en conséquence, & fournir pour cet effet les secours, suivant la répartition convenue ci-après, Et même si le cas le demande, d'y employer toutes leurs forces, & déclarer la Guerre à celui qui tenteroit d'enfraindre, ou attaquer ledit ordre de succession.

De plus Sa Majesté Impériale Catholique, Sa Majesté Britannique, & les Etats Generaux, s'obligent aussi de ne donner ou accorder aucune protection ny azile dans aucun endroit de leurs Etats, à ceux des Sujets de Sa Majesté Tres-Chrétienne, qui sont actuellement, ou seront à l'avenir déclarez rébelles;

Et en cas qu'il s'en trouve de tels dans les Royaumes, Etats & Pays de leur obéiſſance, ils leur ordonneront d'en ſortir, huit jours après qu'ils en auront été requis de la part de Sa Majeſté Tres-Chrétienne.

caſu quo ejuſmodi forte in eorum Regnis, Provinciis & Dominiis exiſterent, eos è finibus ſuis, intrà octo dierum ſpatium, à facta interpellatione regia, exire jubebunt.

Article V.

Sa Sacrée Majeſté Impériale Catholique, ſa Sacrée Majeſté Tres-Chrétienne, & les Etats Generaux des Provinces-Unies des Pays-Bas, s'engagent pour eux, leurs héritiers & ſucceſſeurs, à maintenir & garantir, la ſucceſſion au Royaume de la Grande Bretagne, telle qu'elle eſt établie par les Loix du Royaume, dans la Maiſon de Sa Majeſté Britannique, à préſent régnante: Comme auſſi de garantir tous les Etats & Pays que Sa Majeſté Britannique poſſede, & de ne donner & accorder aucun azile ny retraite, dans aucune partie de leurs Etats, à

Articulus V.

Sacra Majeſtas Cæſarea Regio-Catholica, nec non Regia Majeſtas Chriſtianiſſima, Statuſque Generales Fœderati Belgii, obligant ſe, pro ſe, ſuis hæredibus & ſucceſſoribus, ad manutenendam & guarantigiandam ſucceſſionem, in Regno Magnæ Britanniæ, quemadmodum ea per Leges Regni ſtabilita eſt, in Domo ſuæ Majeſtatis Britannicæ modò regnantis, prout etiam ad defendendas univerſas Ditiones & Provincias à ſua Majeſtate poſſeſſas, nullumque azylum aut refugium, in ullo ſuorum Dominiorum loco, dabunt aut concedent, Perſonæ, ejuſve deſcendentibus, ſi qui ei

obtingant, quæ vivente
Jacobo II. Principis Walliæ, & post ejus excessum
Regium Magnæ Britanniæ titulum assumpsit; promittentes pariter pro se ipsis, suis hæredibus & successoribus, nullum se dictæ
Personæ, ejusve descendentibus, directe vel indirecte,
terra, marive, præbituros
esse auxilium, consilium,
aut opem quamcunque, sive in ære, armis, apparatu militari, navibus, milite, nautis, sive alio quocumque demùm modò. Idem
observaturos intuitu eorum
quibus, à dictâ Personâ,
ejusve descendentibus, forte
mandatum aut commissum
foret, regimen suæ Majestatis Britannicæ, aut tranquillitatem Regni sui, sive
bello aperto, sive clandestinis conspirationibus, suscitandove seditiones, &
rebelliones, aut piraticam
contra subditos suæ Majestatis Britannicæ, exercendo turbare, quo postremo
casu, sacra Majestas Ca-

40
la Personne, qui pendant
la vie de Jacques II. a pris
le titre de Prince de Galles, & depuis sa mort le
titre de Roy de la Grande-Bretagne, ni aux descendans de ladite Personne, en cas qu'elle vint à
en avoir: Promettant pareillement pour eux, leurs
héritiers & successeurs, de
n'aider jamais ladite Personne, ni ses descendans,
directement ni indirectement, par mer ni par terre, par conseil, secours,
ni assistance quelconque,
soit en argent, armes, munitions, Vaisseaux, Soldats, Matelots, ou en
quelqu'autre maniere que
ce puisse être; & d'observer la même chose à l'égard de qui que ce soit qui
pût avoir ordre ou commission de ladite Personne, ou de ses descendans,
pour troubler le Gouvernement de Sa Majesté Britannique, ou le repos de
son Royaume; soit par une
Guerre ouverte; soit par
des

des conspirations secretes, ou en excitant des séditions & des rebellions, ou en exerçant la Piraterie contre les Sujets de Sa Majesté Britannique, auquel dernier cas, sa Sacrée Majesté Imperiale Catholique s'oblige, à ne pas permettre qu'on donne retraite ausdits Pirates dans ses Ports des Pays-Bas, & sa Sacrée Majesté Très-Chrétienne, & les Etats Generaux des Provinces-Unies des Païs-Bas s'obligent à la même chose, par rapport aux Ports de leurs Etats : Tout comme Sa Majesté Britannique s'engage, de ne donner aucune retraite dans les Ports de son Royaume aux Pirates qui croisent sur les Sujets de sa Sacrée Majesté Imperiale Catholique, de sa Sacrée Majesté Très-Chrétienne & des Seigneurs Etats Généraux. Enfin Sa Majesté Imperiale Catholique, sa Sa-

sarea Regio-Catholica promittit se minimè permissuram, ut ejusmodi Piratis, ullum in Portubus Belgii sui detur receptaculum. Tantundem spondent Sacra Majestas Christianissima, Statusque Generales Fœderati Belgii, pro Portubus sui Dominii, prout vicissim Sua Majestas Regia Britannica, refugium omne in Portubus Regni sui denegaturam promittit, Piratis, subditos Sacræ Cæsareæ Majestatis Regiæ-Catholicæ, Sacræ Regiæ Majestatis Christianissimæ, aut Dominorum Statuum Generalium infestantibus. Denique Sua Majestas Cæsarea Regio-Catholica, Sacra Regia Majestas Christianissima, Dominique Status Generales obstringunt sese, quòd nullam unquam protectionem vel azylum, in ullo suorum Dominiorum loco illis Regiæ Magnæ Britanniæ Majestatis subditis dabunt, qui actutum sunt, vel aliquando fuerint declarati rebelles : Et casu quo ejusmodi fortè in eorum Regnis, Pro-

F

vinciis, & ditionibus existerent, eos, è finibus suis, intra octo dierum spatium, ab interpellatione Regia, exire jubebunt.

Quòd si etiam Sacram Regiam Majestatem Britannicam in aliqua parte hostiliter invadi accideret, Sua Majestas Cæsarea Regio-Catholica, ut & Regia Majestas Christianissima, Fœderatique Belgii Status Generales, in eum casum obstringunt sese ad submittenda auxilia infrà determinata: idem facturis ejus descendentibus, si quando eos in successione Regni Magnæ Britanniæ turbari contingeret.

crée Majesté Très-Chrétienne & les Seigneurs Etats Generaux s'obligent, à ne donner aucune protection ou azile, dans aucun endroit de leurs Etats, à ceux des Sujets de Sa Majesté Britannique, qui sont actuellement, ou qui seront à l'avenir declarez Rebeles, & en cas qu'il s'en trouve de tels dans leurs Royaumes, Pays & Provinces, ils leur ordonneront d'en sortir, huit jours après en avoir été requis de la part de Sa Majesté Britannique.

Et en cas que sa Sacrée Majesté Britannique fut attaquée en quelqu'endroit que ce fût, Sa Majesté Imperiale Catholique, comme aussi Sa Majesté Très-Chrétienne & les Etats Generaux des Provinces-Unies des Païs-Bas, s'obligent à lui fournir les secours stipulez ci-après, de même qu'à ses descendans, s'il arrivoit qu'ils fussent troublez dans la succession au Royaume de la Grande-Bretagne.

Article VI.

Sa Majesté Imperiale Catholique, & leurs Majestez Très-Chrétienne & Britannique, s'obligent pour elles, leurs héritiers & successeurs, à la garantie & défense de tous les Etats, Pays & Droits, que les Seigneurs Etats Generaux des Provinces-Unies des Pays-Bas possedent actuellement, contre tous ceux qui pourroient les troubler & attaquer, & de leur fournir, le cas existant, les secours stipulez cy-aprés. Sa Majesté Imperiale Catholique, & leurs Majestez Très-Chrétienne & Britannique s'obligent pareillement de n'acorder aucune protection ni azile dans aucun endroit de leurs Royaumes, à ceux des Sujets des Etats Generaux, qui sont actuellement, ou seront à

Articulus VI.

Sua Majestas Cæsarea Regio-Catholica, Regia Christianissima & Britannica, obligant se pro seipsis, suis hæredibus & successoribus ad guarantiam & tuitionem omnium Ditionum, Jurium, & Provinciarum quas Domini Status Generales Fœderati Belgii actu possident, contra quoslibet qui eas turbarent aut invaderent, promittentes eis, existente casu, auxilia infrà enunciata. Sua Majestas Cæsarea Regio-Catholica, utraque quoque Majestas Regia Christianissima & Britannica æque se obstringunt, quòd nullum unquam refugium vel azilum in ullo Regnorum suorum illis Statuum Generalium Subditis concedent, qui sunt, vel in futurum fuerint denuntiati rebelles, & si forte ejusmodi in eorum Regnis, Ditioni-

F ij

bus & Provinciis existerent, eos è finibus suis, intrà octo dierum spatium à facta Reipublicæ interpellatione exire curabunt.

l'avenir declarez rebelles, & en cas qu'il s'en trouve de tels dans leurs Royaumes, Etats & Provinces, elles auront soin de les en faire sortir, huit jours après qu'elles en auront esté requises de la part de la Republique.

Articulus VII.

Ubi alterutram ex prædictis quatuor Partibus contractantibus, à quocunque alio Principe, aut Statu invadi, aut etiam in possessione Regnorum, Ditionumque suarum per violentam detentionem Subditorum, Navium, Rerum, aut Mercium, Terrâ, Marique turbari contingeret, tunc superstites tres officia sua, mox ac de eo requisiti fuerint, impendent, quò, offenso, super illato damno, & injuria satisfiat, aggressorque à prosecutione hostilitatis abstineat.

Article VII.

Si quelqu'une des quatre Puissances contractantes, étoit attaquée ou troublée, soit dans la possession de ses Royaumes & Etats, soit par détention violente de ses Sujets, ou de leurs Vaisseaux & éfets, par mer ou par terre, par quelqu'autre Prince ou Etat que ce puisse être, les trois autres Puissances employeront leurs offices, d'abord qu'elles en seront requises, pour lui faire donner satisfaction de l'injure qu'on lui aura faite, & du dommage qu'on lui aura causé, & pour empêcher l'aggresseur de continuer ses hostilitez.

Et si ces offices amiables n'étoient pas suffisans pour la reconciliation des Parties, & pour la satisfaction & la réparation de la Puissance lezée, en ce cas les Hauts Contractans fourniront à leur Allié attaqué, deux mois après sa requisition, les secours suivans conjointement ou séparement, sçavoir.

Sa Majesté Imperiale Catholique, huit mille hommes de pied, & quatre mille hommes de Cavalerie.

Sa Majesté Très-Chrétienne, huit mille hommes de pied, & quatre mille hommes de Cavalerie.

Sa Majesté Britannique, huit mille hommes de pied, & quatre mille hommes de Cavalerie.

Et les Seigneurs Etats Generaux, quatre mille hommes de pied, & deux mille hommes de Cavale-

Ast ubi amica hæc Officia reconciliandis Partibus, atque ad procurandam debitam Parti læsæ satisfactionem, reparationemque haud sufficerent, eo casu Alti Contrahentes submittent invaso, intrà bimestre spatium à facta requisitione, auxilia sequentia unitim vel separatim, videlicet.

Sua Majestas Cæsarea Regio-Catholica, octo millia Peditum, & quatuor millia Equitum.

Sua Majestas Christianissima, octo millia Peditum, & quatuor millia Equitum.

Sua Majestas Britannica, octo millia Peditum, & quatuor millia Equitum.

Et Domini Status Generales, quatuor millia Peditum, & duo millia Equitum.

Quòd si Princeps, aut Pars læsa, pro Milite, Naves bellicas aut onerarias, vel etiam subsidia pecuniaria, submitti sibi mallet, quod in ejus arbitrium reponitur, eo casu petitæ Naves, pecuniæve ei subministrabuntur, ad mensuram sumptuum in Militem impendendorum, & ut omnis ambiguitas circa calculum, seu æstimatione dictorum sumptuum tollatur, placuit mille Pedites, menstruatim ad valorem decem millium Florenorum Hollandicorum, mille verò Equites ad triginta mille Florenos Hollandicos, menstruatim æstimari, eâdem intuitu Navium proportione observatâ.

Ubi auxilia suprà enumerata impendenti necessitati imparia forent, Partes contractantes de ferendis amplioribus suppetiis indilatim convenient: quin exigente casu, Socium læsum, omnibus suis viribus adjuvabunt, bellumque Aggressori denunciabunt.

Que si le Prince, ou la Partie lezée, au lieu de Troupes désiroit des Vaisseaux de guerre ou de transport, ou même des subsides en argent comptant, en ce cas il lui sera libre de choisir, & on lui fournira lesdits Vaisseaux ou ledit argent, à proportion de la dépense des Troupes. Et afin d'ôter tout sujet d'ambiguité sur l'estimation de ladite dépense, les Puissances contractantes conviennent, que mile hommes de pied seront évaluez à 10000. florins de Hollande, & 1000. hommes de Cavalerie à 30000. par mois, en observant la même proportion, par rapport aux Vaisseaux.

Si les secours cy-dessus specifiez ne suffisent pas pour les besoins existans, les Puissances Contractantes conviendront sans différer des secours ulterieurs à fournir, & même s'il étoit nécessaire, elles assisteront leur Allié lezé de toutes leurs forces, & declareront la guerre à l'Agresseur.

ARTICLE VIII.

Les Princes & Etats, dont les Puissances Contractantes conviendront unanimement, pourront être compris au present Traité, & nommément le Roi de Portugal.

Le Traité cy-dessus sera approuvé & ratifié par leurs Majestez Imperiale, Très-Chrétienne & Britannique, & par les Hauts & Puissans Seigneurs Etats Generaux des Provinces-Unies des Pays-Bas, & les Lettres de Ratification seront échangées à Londres, & délivrées respectivement, dans le terme de deux mois, ou plûtôt s'il est possible.

En foi de quoi, Nous soussignez munis de pleins pouvoirs, qui ont été commuiquez de part & d'autre, & dont les copies

ARTICULUS VIII.

Principes & Status de quibus Partes Contractantes unanimiter convenient, isti Tractatui accedere poterunt, nominatim verò Rex Lusitaniæ.

Tractatus iste approbabitur & ratihabebitur, à Sua Majestate Cæsarea, Regia Christianissima & Britannica, atque à Celsis & Potentibus Dominis Statibus Generalibus Uniti Belgii, Tabulæque Ratificationum commutabuntur Londini, extradenturque reciprocè intrà spatium duorum mensium, aut citiùs si fieri potest.

In cujus rei fidem, Nos infrà scripti, Plenipotētiariū Tabulis muniti, iisdemque invicem communicatis, quarum apographa cum archetypis ritè à

48

Nobis collata & recognita, sub finem hujus Instrumenti, verbo tenùs inserta sunt, præsentem huncTractatum subscripsimus & Sigillis nostris communivimus. Actum Londini die $\frac{\text{vicesimo-secundo}}{\text{secundo}}$ mensis $\frac{\text{Iulii s. v.}}{\text{A g. s. n.}}$ anno Domini millesimo septingentesimo decimo octavo.	collationnées par Nous, & trouvées conformes aux Originaux, sont inserées de mot à mot à la fin du present Traité, l'avons signé, & y avons apposé les Cachets de nos Armes. Fait à Londres le $\frac{\text{vingt-deux}}{\text{deux}}$ du mois de $\frac{\text{Iuillet V. S.}}{\text{Aoust N. S.}}$ mil sept cens dix-huit.

(LS) CHRISTOFᴿ. (LS) DU BOIS. (LS) W. CANT.
PENTERRIDTER.
AB ADELSHAUSEN.
                                      (LS) PARKER. C.

(LS) JOES PH.   (LS) SUNDERLAND. P.
     HOFFMAN.
                                      (LS) KINGSTON. C. P. S.

                                        (LS) KENT.

                                        (LS) HOLLES NEWCASTLE.

                                        (LS) BOLTON.

                                        (LS) ROXBURGHE.

                                        (LS) BERKELEY.

                                        (LS) J. CRAGGS.

ARTICLE

ARTICLE SEPARÉ.

Que si les Seigneurs Etats Generaux des Provinces-Unies des Païs-Bas trouvoient, qu'il leur fût trop à charge de fournir leur quote part des Subsides qui seront payez aux Cantons Suisses, pour les Garnisons de Livourne, de Porto-Ferraio, de Parme & de Plaisance, selon la teneur du Traité d'Alliance conclu ce jourd'huy, il a esté declaré expressément par cet Article separé, & convenu entre les quatre Parties contractantes, que dans ce cas le Roy Catholique pourra se charger de la portion qu'auroient à payer les Seigneurs Etats Generaux.

Cet article separé aura la mesme force, que s'il avoit esté inseré de mot à mot dans le Traité conclu & signé ce jourd'huy ; il sera ratifié de la mesme maniere, & les Ratifica-

ARTICULUS SEPARATUS.

Quod si fortè Dominis Generalibus Uniti Belgii Ordinibus grave nimis foret, conferre ratam suam partem stipendii Helvetiorum Cantonibus, pro Liburni, Portus Ferraii, Parmæ & Placentiæ Presidiis solvendi, juxtà conclusi hodie Tractatûs fœderis tenorem, Articulo isto separato expressè cautum, & inter quatuor Partes contrahentes conventum est, quod eo casu Rex Catholicus dictam Dominorum Statuum Generalium ratam in se recipere possit.

Articulus iste separatus, eandem vim obtinebit, ac si ipsimet Tractatui hodie concluso, signatoq; verbo tenùs insertus fuerit, ratihabebiturque eodem modo, atque ratihabitionum Tabulæ intra idem

G

tempus cum ipso Tractatu extradentur.

In quorum fidem, Nos infrascripti vigore Plenipotentiarum hodie invicem exhibitarum, hunc Articulum separatum subscripsimus, & Sigillis nostris communivimus. Actum Londini die $\frac{\text{vigesimo-secundo}}{\text{secundo}}$ mensis $\frac{\text{Julii S. V.}}{\text{Augusti N. S.}}$ anno Domini millesimo septingentesimo decimo-octavo.

tions en seront échangées dans le mesme-tems que le Traité.

En foy de quoy, Nous soussignez, en vertu des Pleins pouvoirs communiquez cejourd'huy réciproquement, avons signé cet article separé, & y avons apposé les cachets de nos armes. Fait à Londres le $\frac{\text{vingt-deux}}{\text{deux}}$ du mois de $\frac{\text{Juillet V. S.}}{\text{Aoust N. S.}}$ 1718.

(LS) CHRISTOF^{us}.
PENTERRIDTER
AB ADELSHAUSEN.

(LS) JOËS PH.
HOFFMAN.

(LS) DU BOIS.

(LS) W. CANT.
(LS) PARKER C.
(LS) SUNDERLAND P.
(LS) KINGSTON. C. P. S.
(LS) KENT.
(LS) HOLLES NEWCASTLE.
(LS) BOLTON.
(LS) ROXBURGHE.
(LS) BERKELEY.
(LS) J. CRAGGS.

ARTICULUS SEPARATUS.

Quùm in Tractatu fœderis cum Sacrâ Cæsareâ Catholicâ Majestate hodie subscribendo, ut & conditionibus Pacis in eo insertis, Sacræ Regiæ Majestates Christianissima & Britannica & Domini Status Generales Belgii

ARTICLE SEPARÉ.

Comme dans le Traité d'Alliance, qui doit estre signé ce jourd'huy avec Sa sacrée Majesté Imperiale Catholique, & dans les conditions de Paix qui y sont inserées, leurs sacrées Majestez très-Chrétienne & Britannique, & les Seigneurs Etats Generaux des Provinces-Unies des Pays-Bas, donnent au present possesseur des Espagnes & des Indes, le titre de Roy Catholique, & au Duc de Savoye celuy de Roy de Sicile ou de Sardaigne, & que Sa sacrée Majesté Imperiale Catholique ne peut pas reconnoître ces deux Princes pour Rois, avant qu'ils soient aussi entrez dans ce Traité; Sa sacrée Majesté Imperiale Catholique declare & proteste, par cet Article separé, & signé avant le Traité d'Alliance, qu'Elle ne prétend point par les titres qui y sont employez ou obmis, se causer aucun préjudice, ni accorder ou donner le titre de Roy aux deux Princes nommez cy-dessus, que dans le cas seulement qu'ils accederont au Traité qui doit estre signé ce jourd'huy, & qu'ils accepteront les conditions

Uniti, præsentem Hispaniarum & Indiarum possessorem Regem Catholicum & Ducem Sabaudiæ, Regem Siciliæ, vel etiam Sardiniæ appellent; & vero Sacra Majestas Cæsarea Catholica, binos hos Principes, pro Regibus agnoscere haud possit, antequam & ii ad hunc Tractatum accesserint; proinde Sacra Cæsarea Catholica Majestas, per Articulum istum separatum & ante Tractatum fœderis subscriptum, declarat & & protestatur, quod per Titulos ibi adhibitos vel etiam omissos, sibi minimè præjudicare, neque dictis binis Principibus, Titulos Regios concedere aut adjicere intendat, nisi in eum dumtaxat casum, ubi & illi Tractatui hodie subscribendo accesserint, atque placitis in eo conditionibus Pacis pariter consenserint.

G ij

Articulus iste separatus eamdem vim obtinebit, ac si ipsimet Tractatui hodie concluso signatoque, verbo tenùs insertus fuerit, ratihabebiturque eodem modo, atque ratihabitionum Tabulæ, intra idem tempus cum ipso Tractatu extradentur.

In quorum fidem, Nos infra scripti, vigore Plenipotentiarum hodie invicem exhibitarum, hunc articulum separatum subscripsimus & Sigillis nostris communivimus. Actum Londini die ⸺vicesimo-secundo⸺ mensis ⸺Julii V. S. / Augusti N. S.⸺ anno Domini millesimo septingentesimo decimo-octavo.

Cet article séparé aura la mesme force que s'il avoit esté inséré de mot à mot dans le Traité conclu & signé ce jourd'huy, il sera ratifié de la mesme maniere, & les Ratifications en seront échangées dans le mesme-tems que le Traité.

En foy de quoy Nous soussignez, en vertu des pleins pouvoirs communiquez ce jourd'huy de part & d'autre, avons signé cet Article separé, & y avons apposé les cachets de nos armes. Fait à Londres le ⸺vingt-deux⸺ du mois de ⸺Juillet V. S. / Août N. S.⸺ de l'an 1718.

(LS) CHRITOFF.
PENTERRIDTER
AB ADELSHAUSEN.

(LS) JOES P H.
HOFFMAN.

(LS) DU BOIS.

(LS) W. CANT.
(LS) PARKER C.
(LS) SUNDERLAND P.
(LS) KINGSTON. C. P. S.
(LS) KENT.
(LS) HOLLES NEWCASTLE.
(LS) BOLTON.
(LS) ROXBURGHE.
(LS) BERKELEY.
(LS) J. CRAGGS.

ARTICLE SEPARÉ.

Comme Sa sacrée Majesté Très-Chrétienne ne peut pas reconnoître quelques-uns des titres que Sa sacrée Majesté Imperiale prend dans les pleins pouvoirs, ou dans le Traité d'Alliance qui doit estre signé ce jourd'huy, Elle declare & proteste par cet Article separé, & signé avant le Traité d'Alliance, qu'Elle n'entend nullement, par les titres employez dans ce Traité, préjudicier à Elle-même, ou à toute autre Puissance, ni attribuer aucun droit à Sa Sacrée Majesté Imperiale.

Cet article separé aura la mesme force, que s'il avoit esté inseré de mot à mot dans le Traité conclu & signé ce jourd'huy; il sera ratifié de la mesme maniere, & les Ratifications en seront échangées dans le mesme-tems que le Traité.

ARTICULUS SEPARATUS.

Quùm Titulorum aliqui, quibus Sacra Cæsarea Majestas, sive in Plenipotentiis, sive in Tractatu fœderis hodie secum subscribendo, utitur per Sacram Regiam Majestatem Christianissimam agnosci haud possint, per hunc articulum separatum & ante Tractatum fœderis subscriptum, declarat & protestatur, quod per dictos hoc Tractatu adhibitos Titulos, aut sibi alterive præjudicare, aut Sacræ Cæsareæ Majestati, jus ullum adjicere minimè intendat.

Articulus iste separatus eamdem vim obtinebit, ac si ipsimet Tractatui hodie concluso signatoque, verbo tenùs insertus fuerit, ratihabebiturque eodem modo, atque ratihabitionum Tabulæ intra idem tempus cum ipso Tractatu extradentur.

In quorum fidem, Nos infra scripti, vigore Plenipotentiarum hodie invicem exhibitarum, hunc Articulum separatum subscripsimus & Sigillis nostris communivimus. Actum Londini die $\frac{\text{vigesimo-secundo}}{\text{secundo}}$ mensis $\frac{\text{Julii S. V.}}{\text{Augusti S. N.}}$ anno Domini millesimo septingentesimo decimo-octavo.	En foy de quoy Nous soussignez, en vertu des Pleins pouvoirs, communiquez ce jourd'huy reciproquement, avons signé cet Article separé, & y avons apposé les cachets de nos armes. Fait à Londres le $\frac{\text{vingt-deux}}{\text{deux}}$ du mois de $\frac{\text{Juillet V. S.}}{\text{Aoust N. S.}}$ de l'an 1718.

(LS) CHRISTOF. (LS) DU BOIS.
PENTERRIDTER.
AB ADELSHAUSEN.

(LS) JOES PH.
HOFFMAN.

(LS) W. CANT.
(LS) PARKER C.
(LS) SUNDERLAND P.
(LS) KINGSTON. C. P. S.
(LS) KENT.
(LS) HOLLES NEWCASTLE.
(LS) BOLTON.
(LS) ROXBURGHE.
(LS) BERKELEY.
(LS) J. CRAGGS.

DECLARATIO à Plenipotentiariis Regis Magnæ Britanniæ subscripta.

DECLARATION donnée par les Plenipotentiaires du Roy de la Grande Bretagne.

Quandoquidem secundùm usum, quem utrinque convenit, receptum fuisse in Tractatibus inter

Comme selon l'usage, que l'on est convenu reciproquement de suivre dans les Traités conclus entre leurs Majestés Britaniques & Tres-Chrêtiennes à Risvvick, à Utrecht & à la Haye pour la Triple Alliance, on a dressé les Actes en Latin, pour le Roy de la Grande Bretagne, & en François pour le Roi Tres-Chrêtien, en déclarant cependant que s'il y a eu précedemment un autre usage, le Roy Tres-Chrêtien s'y conformera dans la suite; & comme l'on n'a pû observer ledit usage, dans le Traité signé ce jourd'huy, entre l'Empereur des Romains, le Roy de la Grande Bretagne, le Roy Tres-Chrêtien & les Etats Generaux des Provinces-Unies des Pays-Bas, sans tomber dans l'inconvenient d'en dresser encore plusieurs Actes, ce qui obligeroit de differer plus long-tems la signature de ce Traité. D'ailleurs quelques-uns des Plenipotentiaires ayant demandé avec instance, qu'il ne fût

Majestates suas Britannicam & Christianissimam Risvvici, Trajecti ad Rhenum & Hagæ Comitis, pro Triplici Foedere initis, Instrumenta pro Rege Magnæ Britanniæ Linguâ Latinâ, pro Rege verò Christianissimo Linguâ Gallica confecta sint, adjectâ tamen Declaratione, quod si alius anteà usus obtinuerit, eidem se Rex Christianissimus in posterum accomodaret. Cumque in Tractatu hodierno die, inter Imperatorem Romanorum, Regem Magnæ Britanniæ, Regem Christianissimum, & status Generales Foederati Belgii signato, usus supra memoratus observari haud potuit, sine incommodo plurium adhuc Instrumentorum faciendorum, quo Tractatus hujus subscriptio in longius differri necesse foret. Cumque insuper aliqui è Plenipotentiariis enixè postulaverint, ut nullum Tractatus hodierni Instrumentum fieret, quod omnium simul Partium contrahentium subscriptioni-

bus munitum non fuerit ; quo pacto factum est, ut omnia dicti Tractatûs Instrumenta Linguâ Latinâ conscripta sint. Eum igitur in finem, ne hoc exemplum in usum trahatur, inter Regem Magnæ Britanniæ & Regem Christianissimum, Nos Plenipotentiarii Majestatis suæ Britannicæ, rogatu Plenipotentiarii Majestatis suæ Christianissimæ, Declaramus, quod id omne idioma, sive Linguam Tractatûs hodierni spectans, in exemplum trahi aut proferri non poterit in posterùm; verùm usus anteà receptus inter utramque coronam obtinebit, ita ut quod hodiè factum est, eidem nullo modo derogabit, neque jus aliquod novum in contrarium abjiciet.

dressé aucun Acte du Traité de ce jour, sans être muni en même-tems de la signature de toutes les Parties contractantes, ce qui a fait que tous les Actes dudit Traité ont été dressés en Langue Latine. Dans cette vûë, afin que cet exemple ne passe point en usage entre le Roy de la Grande Bretagne & le Roy Tres-Chrêtien, Nous Plenipotentiaires de Sa Majesté Britannique, à la requisition du Plenipotentiaire de Sa Majesté Trés-Chrêtienne ; déclarons que tout ce qui a raport à la Langue dans laquelle est écrit le Traité de ce jour, ne pourra servir d'exemple, ny êstre cité à l'avenir, mais que l'usage qui étoit receu auparavant entre l'une & l'autre Couronne aura lieu ; de sorte que ce qui s'est fait aujourd'huy n'y dérogera en aucune maniere, & ne donnera point de nouveau droit pour en user autrement. En

En foy de quoy, Nous Plenipotentaires de Sa Majefté Britanique, avons signé cette Declaration, & y avons appofé les cachets de nos Armes. A Londres le 22. du mois de Juillet de l'an 1718.	In quorumfidem, Nos Plenipotentiarii Majeftatis fuæ Britannicæ, hanc Declarationem fubfcripfimus & figillis noftris communivimus: Londini die vicefimo fecundo menfis Julii, anno Domini millefimo feptingentefimo decimo octavo.
(L. S.) SUNDERLAND. P.	(L. S.) SUNDERLAND. P.
(L. S.) ROXBURGHE.	(L. S.) ROXBURGHE.
(L. S.) J. CRAGGS.	(L. S.) J. CRAGGS.

RATIFICATION DU ROY.

Nous, ayant agréable les fufdits Traité & Articles féparez, en tous & chacuns les points qui y font contenus; avons de l'avis de nôtre tres-cher & tres-Amé Oncle, le Duc d'Orleans, Regent de nôtre Royaume, iceux, tant pour Nous que pour nos Heritiers & Succeffeurs, Royaumes, Pays, Terres, Seigneuries & Sujets, accepté, approuvé, ratifié, & confirmé, & par ces Prefentes fignées de nôtre main, acceptons, approuvons, ratifions, & confirmons, & le tout promettons, en foy & parole de Roy, garder & obferver inviolablement, fans jamais aller ni venir au contraire, directement ou indirectement, en quelque forte & maniere que ce foit. En temoin de quoy nous avons fait mettre nôtre fcel à ces Prefentes. Donné à Paris le trente-uniéme jour d'Aouft l'an de grace mil fept cens dix huit, & de nôtre Regne le troifiéme. Signé, LOUIS: Et plus bas. Par le Roy le Duc d'Orleans Regent present. Signé PHELVPEAVX, & scellé du grand Sceau de cire jaune, sur lacs de soye bleuë tressez d'or, le Sceau enfermé dans une boëte d'argent, sur le dessus de laquelle sont empreintes & gravées les Armes de France & de Navarre, sous un Pavillon Royal soutenu par deux Anges.

RATIFICATIO Cæsareæ.

QUOD nos, inspectis, probèque examinatis istorum Tractatuum ac Conventionum Articulis, eosdem omnes & singulos in universū ratos, gratosque habuerimus, & approbaverimus, pro ut eos omnes & singulos, & universim, quæ ita acta, conclusa ac subscripta fuerunt, vigore Præsentium approbamus & ratificamus, verbo Cæsareo-Regio & Archiducali promittentes, nos ea firmiter religioséque per omnia observaturos ac impleturos, neque unquam admissuros esse, ut iis à nobis, aut à nostris ullo unquam tempore contraveniatur. In quorum fidem præsens Ratificationis Instrumentum propriâ manu subscripsi-

RATIFICATION de l'Empereur.

NOus, aprés avoir vû & diligemment éxaminé les Articles desdits Traitez & Conventions, avons tous lesdits Articles en general & en particulier, agrééz & approuvez, ainsi qu'ils sont ici conclus, arrêtez & transcrits, les approuvons & ratifions en vertu des Presentes : Promettons en foy & parole d'Empereur, de Roy & d'Archiduc, les observer & accomplir fermement & religieusement, sans pouvoir en aucun tems par Nous, ou aucuns des nôtres aller au contraire. En foy de quoy Nous avons signé de nôtre propre main le present

Acte de ratification, & à icelui fait mettre & apposer nôtre Sceau ordinaire. DONNE' à Vienne le 14. du mois de Septembre l'an de N. S. 1718. & de nos Regnes des Romains le 7. d'Espagne, le 15. de Hongrie & Boheme, le 8. CHARLES. Par Mandement exprés de sa sacrée Imperiale & Catholique Majesté JEAN-GEORGE BUOL, & à côté PHILIPPE-LOUIS Comte de ZINSENDORF: Et scellé du Sceau de l'Empereur, dans une boëte d'argent.

mus, appensoque consueto nostro sigillo communiri jussimus. VIENNÆ 14°. mensis Septembris anno Domini millesimo septingentesimo decimo octavo: Regnorum nostrorum Romani septimo: Hispaniarum decimo quinto: Hungarici verò & Bohemici octavo. CAROLUS. Ad Mandatum Sac. Cæs. & Cathol. Regiæ Majestatis proprium JOANNES GEORGIUS BUOL. Ad latus PHILIPPUS LUD. COMES A SINZENDORF.

RATIFICATION du Roy de la Grande Bretagne.

NOUS, aprés avoir veu & examiné le Traité cy-dessus, avons iceluy approuvé, ratifié, agréé & confirmé, en tous & chacuns ses Articles & clauses y contenuës; & par ces Presentes l'approuvons, ratifions, âgréons &

RATIFICATIO Regis Magnæ Britanniæ.

NOs, viso perpensoque Tractatu suprascripto, eundem in omnibus & singulis ejus articulis & clausulis approbavimus, ratum gratum firmumque habuimus, sicut per Præsentes pro nobis, hæredibus & successoribus nostris, eundem approbamus,

H ij

ratum, gratum, firmumque habemus, spondentes ac in verbo Regio promittentes, Nos omnia & singula quæ in prædicto Tractatu continentur, sincere & bona fide præstituros & observaturos, neque permissuros unquam, quantum in nobis est, ut ea à quopiam violentur, aut ut ullo modo iisdem in contrarium eatur. In quorum omnium majorem fidem & robur, Præsentibus manu nostrâ Regiâ Signatis, Magnum nostrum Magnæ Britanniæ sigillum appendi fecimus. Quæ dabantur in Palatio nostro, apud Kensington septimo die mensis Augusti, Anno Domini millesimo septingentesimo decimo octavo, Regnique nostri quinto.
GEORGIUS. R.

confirmons pour nous, Nos heritiers & successeurs, promettans en parole de Roy, d'accomplir & observer sincerement & de bonne foy, toutes & chacunes les choses contenuës audit Traité, & de ne jamais permettre, en tant qu'à Nous est, qu'aucun aille au contraire en quelque maniere que ce soit. En foy de quoy, & pour donner plus de force à ces Presentes, Nous les avons signées de nôtre main Royale, & à icelles fait mettre nôtre grand Sceau de la Grande Bretagne. DONNE' en nôtre Palais de Kensington, le septiéme jour du mois d'Aoust, l'An de N. S. 1718. & de nôtre Regne le cinquiéme.
GEORGE R. scellé du grand Sceau, dans une boëte d'argent.

PLEIN-POUVOIR DU ROY.

LOUIS PAR LA GRACE DE DIEU, Roy de France et de Navarre. A tous ceux qui ces Presentes Lettres verront : Salut. Comme Nous voulons contribuer, autant qu'il est en Nous, au maintien de la tranquilité publique, rétablie par les Traitez d'Utrecht & de Bade, & à l'affermissement de la Paix si necessaire à toute l'Europe, que Nous desirons d'ailleurs de répondre aux ouvertures, qui Nous ont été faites de la part de nôtre très-cher & très amé Frere, le Roy de la Grande Bretagne, dans la vûë de prévenir les suites de l'embrasement qui vient de s'élever, à l'occasion des differends qui subsistent entre nôtre très-cher & très amé Frere l'Empereur des Romains, & nôtre très cher & très amé Frere & Oncle le Roy d'Espagne, Nous confians entierement en la capacité, experience, zele & fidelité pour nôtre service, de nôtre amé & feal le Sieur Abbé du Bois, Conseiller ordinaire en nôtre Conseil d'Etat & au Conseil des Affaires Etrangeres, Secretaire de nôtre Cabinet : Pour ces causes, & autres bonnes considerations, à ce Nous mouvans, de l'avis de nôtre très-cher & très amé Oncle le Duc d'Orleans, Regent ; Nous avons commis, ordonné & député, & par ces Presentes, signées de nôtre main, commettons, ordonnons & députons ledit Sieur Abbé du Bois, & luy avons donné & donnons Plein pouvoir, commission & mandement special pour en nôtre nom, en qualité de nôtre Plenipotentiaire, convenir avec un ou plusieurs Ministres de la part de nôtredit Frere, l'Empereur des Romains, de celle de nôtredit Frere & Oncle, le Roy d'Espagne, de celle de nôtredit Frere, le Roy de la

H iij

Grande Bretagne, & de celle de leurs Hautes Puissances, nos trés-chers & grands amis, les Etats Generaux des Provinces-Unies des Pays-Bas, pareillement munis de Pouvoirs en bonne forme, arréter, conclure, & signer avec lesdits Ministres ensemble ou separémment, tels Traités, Articles & conventions, que ledit Sieur Abbé du Bois avisera bon être, voulant qu'il agisse en cette occasion, avec la même autorité que Nous ferions & pourrions faire, si Nous y étions présens en personne, encore qu'il y eût quelque chose qui requit un mandement plus special, non contenu en cesdites Présentes. Promettant en foy & parole deRoy, d'avoir agréable, tenir ferme & stable a toûjours, accomplir & éxecuter ponctuellement tout ce que ledit Sieur Abbé du Bois aura stipulé, promis & signé en vertu du présent Pouvoir, sans jamais y contrevenir, ni permettre qu'il y soit contrevenu, pour quelque cause, ou sous quelque prétexte que ce puisse être ; comme aussi d'en faire expedier nos Lettres de Ratification en bonne forme, pour être échangées dans le temps dont il sera convenu. CAR TEL EST NOSTRE PLAISIR. En témoin de quoy Nous avons fait mettre nôtre Scel à ces Présentes. DONNE' à Paris le vingt-cinquiéme May l'An de grace mil sept cent dix-huit, & de nôtre Regne le troisiéme.

Signé, LOUIS, & sur le repli par le Roy, LE DUC D'ORLEANS Regent, present, Signé, PHELYPEAUX & scellé.

PLEIN-POUVOIR de Sa Majesté Imperiale.	Plenipotentiarum Tabulæ Majestatis suæ Cæsareæ.
Nous CHARLES VI.e par la clemence Divine, élû Empereur	NOS CAROLUS SEXTUS, Divinâ favente Clementiâ, Electus

des Romains, toûjours Auguste, Roy de Germanie, d'Espagne, des deux Siciles, de Jerusalem, & des Indes, de Hongrie, de Boheme, de Dalmatie, de Croatie, & d'Esclavonie, Archiduc d'Austriche, Duc de Bourgogne, de Brabant, de Stirie, de Carinthie, de Carniole, & de Virtemberg, Comte de Hebsburg, de Flandres, de Tyrol & de Gorice, &c. Certifions par ces Presentes, & donnons à connoître, à tous ceux à qui il appartient, qu'après avoir été souvent invitez, par les instances amiables du Serenissime & trés-puissant Prince Georges Roy de la Grande Bretagne, Electeur du Saint Empire Romain, & Duc de Brunsvic, à prendre avec lui les mesures necessaires, pour établir solidement dans l'Europe, la tranquillité & la paix, avec tous les Princes Chrétiens, ou pour l'assûrer

Romanorum Imperator, semper Augustus, Germaniæ, Hispaniarum, utriusque Siciliæ, Hierusalem, Indiarumque, nec non Hungariæ, Bohemiæ, Dalmatiæ, Croatiæ, Sclavoniæque Rex, Archidux Austriæ, Dux Burgundiæ, Brabantiæ, Styriæ, Carinthiæ, Carnioliæ, & Wurtembergæ, Comes Habspurgi, Flandriæ, Tirolis & Goritiæ, &c. Hisce notum testatumque facimus omnibus quorum interest: Postquam amicissimis Serenissimi ac Potentissimi Principis Georgii, Magnæ Britanniæ Regis, nec non Sacri Romani Imperii Electoris, Ducis Brunsvicensis, hortationibus, sæpiùs fuimus invitati, ut eas secum rationes iniremus, quibus pax ac quies per Europam cum universis Principibus Christianis constare vel certè obfirmari magis, etiam in eos casus posset, qui novam olim bellorum causam suppeditare & vel ex nunc alere videntur. In quam quoque partem etiam Serenissimum ac Potentissimum Principem Ludovicum XV.

Franciæ Regem, una cum Statibus Generalibus Fœderati Belgii, itidem propendere accepimus: Hinc pro sincero desiderio quo in pacis ac quietis consilia ferimur, honorabilem nostrum consiliarii Imperial Aulicum, nec non Consilii Belgici Austriaci Assessorem, Christophorum Pentenrieder ab Adeshausen, nostrum sacrique Romani Imperii fidelem & dilectum, cum plena facultate, cum Ministris Præfatorum Regum Franciæ & magnæ Britanniæ, ac eorum fœderatis ea omnia, quæ ad scopum tam salutarem assequendum facere possent, tractandi ablegandum statuimus, dantes illi plenam ac omnimodam potestatem, una cum Residente Londini nostro, honorabili fideli dilecto, Joanne Philippo Hoffman, cui parem in hanc rem facultatem impertimur, sive simul, sive altero eorum impedito, in solidum cum dictis Ministris, isthoc negotium tractandi & concludendi, verbo Cæsareo Regi spondentes, Nos ea omnia & singula	encore davantage, contre les évenemens qui peuvent fournir un jour de nouveaux sujets de Guerres, ou qui semblent en fomenter dés-à-present, & étant informés, que le le Sereniſſime & trés-puisſant Prince Loüis XV. Roy de France, & les Etats Generaux des Provinces-Unies des Pays-Bas, ſont également portez à entrer dans ces vûës, par le deſir ſintere, que nous avons de travailler à la Paix & au repos, Nous avons réſolu de députer nôtre amé & féal & du Saint Empire Romain, Christophe Pentenrieder d'Adelshauſen, Conſeiller Imperial, Aulique & Aſſeſſeur du Conſeil des Pays-Bas Autrichiens, avec pleine faculté de traiter avec les Miniſtres deſdits Rois de France & de la Grande Bretagne, & leurs Alliez, ſur tout ce qui pourra contribuer à parvenir à un objet ſi ſage

lutaire, lui donnant un pouvoir plein & entier, conjointement avec nôtre honorable, amé & féal Jean-Philippe Hoffmann, nôtre Résident à Londres, à qui nous donnons une pareille faculté à cet égard, dé traiter & de conclure cette affaire avec lesdits Ministres, ou ensemble, ou solidairement, en cas d'empêchement de l'un d'eux, promettant en parole Imperiale & Royale, non-seulement d'avoir agreable, & de ratifier toutes & chacune des choses que tous les deux, ou l'un d'eux auront faites, traitées & concluës en nôtre nom, comme si nous les avions faites nous mêmes; mais aussi de fournir nôtre Acte de Ratification dans le tems, dont il sera convenu. En foy de quoi Nous avons signé les Présentes de nôtre main, & y avons fait apposer nôtre Scel Imperial.

quæ nomine nostro, si vel alteruter eorum ita egerit, tractarit atque concluserit, non modo rata, grataque, æque ac si à nobis ipsis acta forent, habituros, verum etiam nostrum Ratihabitionis instrumentum intra tempus conventum extradituros esse. In quorum fidem præsentes propria manu subscripsimus, Nostróque Sigillô Cæsareô communiri jussimus. Datum in Civitate nostra Viennæ, die vigesimâ septimâ Septembris, anno millesimo septingentesimo decimo septimo. Regnorum nostrorum Romani sexto, Hispaniarum decimo quinto, Hungarici vero & Bohemici septimo. Signatum CAROLUS. *Ad mandatum Sacræ Cæsareæ & Catholicæ Regiæ Majestatis proprium.* JOANNES-GEORGIUS BUOL. *Et ad latus,* PHILIPPUS-LUD. C $_{\text{s}}$. à ZINZENDORFF.

DONNE' dans nôtre Ville de Vienne le 27. Septembre l'an 1718. & de nos Regnes des Romains le 6. D'Espagne le 15. De Hongrie & Boheme le 7. CHARLES. Par mandement de Sa Majesté Imperiale Catholique. JEAN-GEORGES BUOL: Et à côté, PHILIPPE-LOUIS COMTE de ZINZENDORFF.

Plenipotentiarum Tabulæ Majestatis Britannicæ.

PLEIN POUVOIR de Sa Majesté Britannique.

GEORGIUS R.

GEORGE R.

GEORGIUS Dei Gratiâ, Magnæ Britanniæ, Franciæ & Hiberniæ Rex, Fidei defensor, Dux Brunsvici & Luneburgi, Sacri Romani Imperii Archithesaurarius, & Princeps Elector, &c. Omnibus & singulis ad quos Præsentes hæ Litteræ pervenerint, SALUTEM. Cum tractatibus trajecti ad Rhenum & Badæ-Ergoviæ conclusis, tot bellorum semina etiamnum relicta animadverteremus, ut

GEORGE, par la grace de Dieu, Roy de la Grande Bretagne, de France & d'Irlande, Défenseur de la Foy, Duc de Brunsvik & de Lunebourg, Archi-Trésorier, Prince & Electeur du S. Empire Romain, &c. A tous & chacun de ceux qui ces presentes Lettres verront. SALUT. Ayant fait réflexion qu'aprés la conclusion des Traitez d'Utrecht & de Bade en Ergau, il est encore resté tant de semences de Guerres, qu'il paroissoit que les maux de l'Europe étoient plûtôt assoupis & éloignez pour un tems, qu'entierement cessez, Nous avons apporté tous nos soins, & tourné toutes nos vûës, à établir entre les Puissances interessées, des conditions de paix solides & durables, pour déraciner entierement tous les sujets de Guerre. Et comme celle qui s'est élevée entre l'Empereur des Romains, & le Roy d'Espagne s'anime de plus en plus, & commence à s'étendre de côté & d'autre, Nous avons redoublé nos efforts, pour rétablir sans délay la tranquillité publique, que ces mouvemens ont troublée. Comme d'ailleurs nous sommes informez, que les articles de pacification, que Nous, conjointement avec le

non tàm extinctę, quàm sopitę paululùm dilatęque viderentur Europę calamitates, curas protinùs, omnes cogitationesque contulimus, ut solidis duraturisque Pacis conditionibus hinc inde initis, omnes armorum capiendorum causas radicitùs precideremus. Cumque Bellum quod inter Imperatorem Romanorum, atque Hispaniarum Regem exortum est, ardeat magis, magisque, & latiùs sese spargere incipiat, sollicitudines quidem nostras duplicavimus, quò tranquillitatem publicam, hisce motibus turbatam, sine morâ restitueremus. Cùmque pacificationis capita, quę nos unà cum Rege Christianissimo, & Dominis Ordinibus Generalibus Uniti Belgii partibus vel bello jam implicitis, vel mox implicandis, ex æquo bonoque proponenda esse duxerimus, dicto Romanorum Imperatori, pro suo erga bonum publicum studio, haud ingrata esse acciperemus; cumque spes porrò sit, reliquos Principes quorum interest, ma-

I ij

turè perpensis conditionibus, easdem haud gravatè tandem amplexuros, consultum esse iudicavimus, viros undiquaque istiusmodi muneri obeundo pares, ex nostra parte nominare, qui tam præclaro, tamque salutari operi finem imponerent. Sciatis igitur quod nos fide, prudentia, integritate atque industriâ, reverendissimi in Christo Patris, perquam fidelis & intimè dilecti Consiliarii nostri, Gulielmi Archiepiscopi Cantuariensis, totius Angliæ Primatis & Metropolitani, perquam fidelis & dilecti Consiliarii nostri, Thomæ Domini Parker, Baronis de Macclesfeld, summi nostri Magnæ Britanniæ Cancellarii, perquam fidelis & prædilecti consanguinei & Consiliarii nostri Caroli, Comitis de Sunderland, Consilii nostri Præsidis; perquàm fidelium & intimè dilectorum Consanguineorum & Consiliariorum nostrorum, Evelyn Ducis de Kingston, Privati nostri Sigilli Custodis; Henrici Du-

Roy trés-Chrétien, & les Seigneurs Etats Generaux des Provinces Unies des Pays-Bas, avons jugez à propos de proposer audit Empereur des Romains, ne lui ont pas été désagreables, par son amour pour le bien public; & qu'il y a lieu d'esperer, que les autres Princes qui y sont interessez, aprés avoir examiné mûrement ces conditions, n'auront pas de peîne à les accepter, Nous avons estimé qu'il étoit couvenable, de nommer de nôtre part des personnes trés-capables de remplir cet emploi, pour mettre fin à un ouvrage si excellent & si salutaire. Sachez donc, que Nous confians entierement en la fidelité, prudence, integrité & habileté, du trés-Reverend Pere en J. C. nôtre trés-amé & féal Conseiller Guillaume, Archevêque de Cantorbery, Primat & Métropolitain de toute l'Angleterre; de nôtre trés-amé & féal Conseiller Thomas Parker, Baron de Macclesfield, Grand Chancelier de la Grande Bretagne, de nôtre trés-amé & féal Cousin & Conseiller Charles, Comte de Sunderland, Président de nôtre Conseil ; de nos trés-feaux & bien amez Cousins & Conseillers, Evelin, Duc de Kingston, Garde de nôtre Sceau privé, Henry Duc de Kent, Grand Maistre de nôtre Maison, Thomas, Duc de Newcastle, Chambellan de nôtre Maison, Charles, Duc de Bolton, Viceroy & Gouverneur General de nôtre Royaume d'Irlande, Jean, Duc de Marlborough, Capitaine General de nos Armées, & Jean, Duc de Roxburgh, l'un de nos premiers Secretaires d'Etat; de nos trés-féaux & bien amez Cousins & Conseillers, Jacques, Comte de Berkeley, premier

cis Cantii, hospitii nostri Præfecti ; Thomæ Ducis Novi-Castrensis, dicti nostri hospitii Camerarii, Caroli Ducis de Bolton, Regni nostri Hiberniæ locum tenentis & gubernatoris nostri generalis ; Joannis Ducis de Marlboroug, Exercituum nostrorum Capitanei Generalis; ac Joannis Ducis de Roxburghe, è Primariis nostris Status secretariis unus ; perquam fidelium & prædilectorum consanguineorum & consiliariorum nostrorum, Jacobi Comitis de Berkeley, Primarii Admiralitatis nostræ Commissarii, Gulielmi Comitis Covper, Baronis de Vingham, & Jacobi Comitis Stanhope, è Primariis nostris Status secretariis alius, & perquam fidelis & dilecti consiliarii nostri Iacobi Craggs Armigeri, è Primariis nostris Status secretariis alius, plurimum confisi, eosdem nominavimus, fecimus, & constituimus, quemadmodum per presentes nominamus, facimus & constituimus nostros veros, certos

& indubitatos Commissarios, Procuratores & Plenipotentiarios, dantes & concedentes, eisdem omnibus, vel eorum tribus quibusvis, aut pluribus omnem & omnimodam facultatem, potestatem, authoritatemque, nec non mandatum generale, pariter ac speciale (ita tamen ut generale speciali non deroget, neque contra) pro nobis & nostro nomine, cum Ministro, Ministrisve tàm ex parte boni Fratris nostri Romanorum Imperatoris, quàm ex parte boni Fratris nostri Regis Christianissimi, ac etiam ex parte Dominorum Ordinum Generalium Unitarum Belgii Provinciarum, potestate sufficienti, hinc inde munito vel munitis, de & super conditionibus pacis, quæ ad bellorum motus sedandos, & ad communem Europæ tranquillitatem restituendam, stabiliendamque plurimum facere possint, ac etiam super articulis, sive secretis, sive separatis, ac denique super omnibus quæ ad opus prædictum promovendum perficiendum-

Commissaire de nôtre Amirauté; Guillaume, Comte Couper, Baron de Wingham, & Jacques, Comte Stanhope, l'un de nos premiers Secretaires d'Etat; & de nôtre trésfeal & amé Conseiller, Jacques Craggs, Ecuyer, l'un de nos premiers Secretaires d'Etat, les avons nommez, faits & constituez, comme par ces Presentes, Nous les nommons, faisons & constituons, nos véritables, certains & indubitables Commissaires, Procureurs & Plenipotentiaires : Donnans & accordans à eux tous, ou à trois d'entr'eux, quels qu'ils soient, ou à un plus grand nombre, faculté, pouvoir & autorité pleine & entiere, & mandement general, & même special; (de sorte cependant que le general ne déroge point au special, & reciproquement) de convenir, traiter, conferer, & conclure pour

Nous & en nôtre nom, avec le Ministre, ou les Ministres, tant de la part de nôtre bon frere l'Empereur des Romains, que de celle de nôtre bon frere le Roy trés-Chrétien; comme aussi de celle des Seigneurs Etats Generaux des Provinces Unies des Pays-Bas, muni ou munis de pouvoirs suffisans, touchant & sur les conditions de paix, qui pourront le plus contribuer à appaiser les mouvemens de Guerre, & à rétablir & affermir la tranquillité generale de l'Europe, sur les articles ou secrets ou séparez, & enfin sur tout ce qui paroitra le plus propre à avancer & achever ledit ouvrage, & de signer en nôtre nom, échanger & recevoir reciproquement tout ce qui aura été ainsi conclu & convenu; & de faire & consommer d'ailleurs tout ce qui sera necessaire en la maniere &

que, maxime apta videbuntur, conveniendi, tractandi, consulendi & concludendi: quæque ita conclusa & conventa fuerint, nostro nomine subsignandi, mutuòque extradendi, recipiendique, reliquaque omnia factû necessaria præstandi perficiendique, tam amplis modo & formâ, ac nosmet ipsi, si interessemus, facere & præstare possemus, spondentes & in verbo regio promittentes, nos quæcunque à dictis nostris Commissariis, Procuratoribus, ac Plenipotentiariis, vel eorum tribus pluribusve concludi contigerit, rata ea omnia, grata & accepta omni meliori modo habituros, neque passuros unquam, ut in toto vel in parte, à quopiam violentur, aut ut iis aliquo modo in contrarium eatur. In quorum omnium majorem fidem & robur, magnum nostrum Magnæ Britanniæ sigillum, Præsentibus manu nostrâ Regiâ signatis appendi fecimus. Quæ dabantur in Palatio nostro apud Kensington 15°. die mensis Julii

Anno Domini 1718. Regnique nostri quarto.

forme, aussi amples que Nous pourrions faire, si Nous y étions nous-même en personne, Nous engageant & promettant en parole de Roy, d'aggréer & approuver en la meilleure forme, tout ce qui aura été conclu par nosdits Commissaires, Procureurs & Plenipotentiaires, ou par trois d'entr'eux, ou par un plus grand nombre, & de ne jamais souffrir, que ces conditions soient enfraintes, par qui que ce soit, en tout ou en partie, ni qu'il y soit contrevenu, de quelque maniere que ce soit. En foy de quoy & pour y donner une plus grande force, Nous avons signé les Presentes de nôtre main, & y avons fait apposer nôtre grand Sceau de la Grande Bretagne. Donné en nôtre Palais de Kensington le 15. de Juin 1718. & de nôtre Regne le 4.

GEORGES, R.

73

LOUIS PAR LA GRACE DE DIEU, ROY DE FRANCE ET DE NAVARRE: A tous ceux qui ces Presentes Lettres verront, SALUT. Comme nôtre amé & feal le sieur Abbé du Bois, Conseiller ordinaire en nôtre Conseil d'Etat, & au Conseil des Affaires étrangeres, Secretaire de nôtre Cabinet, & nôtre Plenipotentiaire, auroit en vertu des Pleins-Pouvoirs que Nous lui en avions donné, conclu, arresté, & signé à Londres le deuxiéme du present mois d'Aoust, avec les sieurs Christophe Penterridter d'Adelshausen, Conseiller Imperial Aulique, & Assesseur du Conseil des Pays-Bas Autrichiens; & Jean Philippes Hoffman, Résident de nôtre trés-cher & trés-amé frere l'Empereur des Romains, à Londres, ses Plenipotentiaires, pareillement munis de ses Pleins-Pouvoirs; & avec les sieurs Guillaume, Archevêque de Cantorbery, Primat & Métropolitain de toute l'Angleterre; Thomas Parker, Baron de Macclesfield, Grand Chancelier de nôtre trés-cher & trés-amé frere le Roy de la Grande Bretagne; Charles Comte de Sunderland, Président du Conseil de nôtredit frere; Evelin, Duc de Kingston, Garde du Sceau privé; Henry, Duc de Kent, Grand Maistre de la Maison de nôtredit frere; Thomas, Duc de Newcastle, Chambellan; Charles, Duc de Bolton, Lieutenant & Gouverneur General du Royaume d'Irlande; Jean, Duc de Roxburgh, l'un des premiers Secretaires d'Estat de la Grande Bretagne; Jacques, Comte de Berkeley premier Commissaire de l'Amirauté; & Jacques Craggs aussi l'un des premiers Secretaires d'Etat de la Grande Bretagne, Plenipotentiaires de nôtredit frere le Roy de la Grande Bretagne, pareillement munis de ses

K

Pleins-Pouvoirs, les articles séparez & secrets, dont la teneur s'ensuit.

ARTICULI Separati & Secreti.	ARTICLES separez & secrets.
ARTICULUS PRIMUS.	ARTICLE PREMIER.
POstquam Serenissimus & Potentissimus Rex Christianissimus, & Serenissimus & Potentissimus Rex Magnæ Britanniæ, necnon Celsi & Potentes Domini Status Generales Foederati Belgii, vigore Tractatûs, inter eos hodiernâ die conclusi & subscripti, super certis conditionibus convenerunt, secundùm quas, Pax inter Serenissimum & Potentissimum Romanorum Imperatorem atque Serenissimum & Potentissimum Regem Hispaniarum, item inter eamdem Sacram Majestatem Cæsaream, Regemque Siciliæ (quem deinceps Regem Sardiniæ nominare visum est) conciliari posset, quarum quidem conditionum copiam præfatis tribus Principibus fecere, ut loco basis fixæ, stabiliendæ inter eos	LE Serenissime & très-puissant Roy Très-Chrétien, le Serenissime & Très-Puissant Roy de la Grande Bretagne, & les Hauts & Puissans Seigneurs Etats Generaux des Provinces-Unies des Pays-Bas, étant convenus par le Traité conclu entre eux, & signé ce jourd'huy, de certaines conditions, conformément ausquelles la Paix pourroit se faire entre le Serenissime & Très-puissant Empereur des Romains, & le Serenissime & Très-Puissant Roy d'Espagne, & entre Sa Sacrée Majesté Imperiale & le Roy de Sicile, lequel on juge à propos de nommer désormais Roy de Sardaigne, & ayant communiqué lesdites conditions à

ces trois Princes, pour servir de base fixe de la Paix à faire entre eux, Sa Sacrée Majesté Imperiale émûë par les puissans motifs qui ont porté le Roy Très-Chrétien, le Roy de la Grande Bretagne, & les susdits Etats Generaux à entreprendre un ouvrage si grand & si salutaire, & déferant à leurs sages & pressantes instances, déclare qu'Elle accepte lesdites Conditions ou Articles, sans en excepter aucun, comme des Conditions fixes & immuables, suivant lesquelles Elle consent à conclure une Paix perpetuelle entre Elle, le Roy d'Espagne, & le Roy de Sardaigne.

ARTICLE II.

Le Roy Catholique & le Roy de Sardaigne n'ayant pas encore consenti ausdites Conditions, leurs Majestez Imperiale, Très-Chrétienne & Britannique, & les susdits Etats Generaux, sont convenus

pacis forent, *Sacra Majestas Cæsarea, ex gravissimis rationibus, ob quas Rex Christianissimus & Rex Magnæ Britanniæ, & supradicti Status Generales, hoc tantùm tamque salutare opus susceperunt, permota, deferensque circumspectis urgentibusque eorum consiliis & suasionibus, acceptare se declarat dictas conditiones, seu Articulos, nullo penitus eorum excepto, ceu conditiones fixas & immutabiles, juxta quas pacem perpetuam cum Rege Hispaniarum, atque cum Rege Sardiniæ concludere consentit.*

ARTICULUS II.

Quia verò Rex Hispaniarum & Rex Sardiniæ, dictis conditionibus, nec dum adhuc sunt assentiti, sua Majestas Cæsarea, prout & suæ Majestates Regiæ, Christianissima & Britannica, præfatique Status Generales,

K ij

convenerunt de admittendo iis ad consentiendum spatio trium mensium, à die subscriptionis præsentis Tractatûs computandorum, sufficere existimantes hoc temporis intervallum, ut dictas conditiones ritè perpendere possint, iique demùm se determinent atque declarent, num conditiones fixas & immutabiles pacificationis suæ, cum sua Majestate Cæsareâ, acceptare ipsi quoque velint, prout eos esse facturos ab eorum pietate & prudentiâ sperare licet, fore scilicet ut exemplum suæ Majestatis Cæsareæ secuti, animi motibus moderari, habitâque humanitatis ratione, tranquillitatem publicam, privatis suis sensibus præhabere, unàque effusioni sanguinis subditorum suorum parcere, atque calamitates belli à reliquis Europæ nationibus avertere velint. In quem finem suæ Majestates Christianissima & Britannica, Statusque Generales Fœderati Belgii, officia sua quam efficacissima unà simul

de leur laisser pour y consentir le terme de trois mois, à compter du jour de la signature de ce present Traité, estimant cet espace de temps suffisant, pour examiner lesdites Conditions, pour prendre enfin leurs dernieres résolutions, & pour déclarer s'ils veulent les accepter aussi pour Conditions fixes & immuables, de leur Paix avec Sa Majesté Imperiale, comme on peut esperer de leur pieté & de leur sagesse qu'ils le feront, & que suivant l'exemple de Sa Majesté Imperiale, ils modereront leurs ressentimens, qu'ils auront l'humanité de preferer le repos public à leurs vûës particulieres, & qu'en même temps qu'ils epargneront l'effusion du sang de leurs Sujets, ils détourneront des autres Nations, les calamitez inseparables de la Guerre; Et pour cet effet leurs Majestez Très-Chrétienne & Britannique, & les Etats Generaux des Provinces-Unies des Païs-Bas, emploïeront conjointement & separément leurs offices les plus efficaces, pour porter lesdits Princes à ladite acceptation.

ARTICLE III.

Mais si contre toute attente des Hauts Contractans, & contre les vœux de toute l'Europe, le Roy d'Espagne & le Roy de Sardaigne, après ledit terme de trois mois écoulé, refusoient d'accepter lesdites conditions, qui leur sont proposées, pour leur Paix avec Sa Majesté Imperiale, comme il n'est pas juste que le repos de l'Europe dépende de la rénitence, ou des projets cachez desdits Princes, leurs Majestez Très-Chrétienne & Britannique, & les Etats Generaux, s'engagent à joindre leurs forces à celles de Sa Majesté Imperiale, pour les obliger à l'acceptation & execution des susdites Conditions, & pour cet effet,

& seorsim impendent, quo dictos Principes ad ejusmodi acceptationem permoveant.

ARTICULUS III.

Verùm, si contra omnem expectationem Alte-Contractantium, votaque universæ Europæ, Rex Hispaniarum & Rex Sardiniæ, post elapsum trium mensium terminum, dictas conditiones pro eorum pacificatione, cum suâ Majestate Cæsareâ propositas, acceptare abnuerent, cum tranquillitatem Europæ, à renitentiâ vel moliminibus clandestinis dictorum duorum Principum dependere æquum non sit, suæ Majestates Christianissima & Britannica, necnon Status Generales, suas cum viribus suæ Majestatis Cæsareæ jungere promittunt, quo illi ad acceptationem & executionem præfatarum conditionum adigantur. Quem in finem, Cæsareæ suæ Majestati præbebunt unitim &

separatim eadem ipsa auxilia, de quibus, pro reciproca defensione mutuâ, articulo septimo Tractatûs fœderis sub hodierno die subscripti convenere, unanimiter consentientes, ut sua Majestas Christianissima subsidia, loco militis præstet in ære. Quod si auxilia in dicto articulo septimo enunciata, assequendo proposito scopo imparia forent, tum quatuor Partes contractantes, de amplioribus auxiliis suæ Majestati Cæsareæ submittendis absque morâ convenient, eaque continuabunt, quo usque sua Majestas Cæsarea Regnum Siciliæ subegerit, ejusque Regna & Provinciæ in Italiâ plenâ securitate gaudeant.

Elles fourniront conjointement ou séparément à Sa Majesté Impériale les mêmes secours, qui sont stipulez pour leur défense réciproque, par l'Article septiéme du Traité d'Alliance signé ce jourd'huy, consentant unanimement, que Sa Majesté Très-Chrétienne fournisse des Subsides en argent, au lieu de Troupes; Et si les secours stipulez dans ledit Article septiéme ne suffisoient pas pour la fin que l'on se propose, alors les quatre Puissances contractantes, conviendront incessamment entre Elles des secours ulterieurs à fournir à Sa Majesté Impériale, & les continuëront, jusqu'à ce que Sa Majesté Impériale ait soumis le Royaume de Sicile, & soit en pleine sûreté pour ses Royaumes & Etats en Italie.

Conventum insuper & quidem disertis verbis fuit, quod si ob causam auxiliorum,

Il a aussi été convenu expressément, que si à cause des secours que leurs Majestez Très-Chrétienne & Britannique, & les Seigneurs Etats Generaux fourniront à Sa Majesté Imperiale, en vertu & pour l'execution de ce present Traité, les Rois d'Espagne & de Sardaigne, ou l'un d'eux, déclaroient ou faisoient la guerre à l'une desdites trois Puissances contractantes, soit en l'attaquant dans ses Etats, soit en saisissant par force, ses Sujets, ou leurs vaisseaux & leurs effets par Mer ou par Terre; en ce cas les deux autres Puissances contractantes declareront & feront incessamment la guerre ausdits Rois d'Espagne & de Sardaigne, ou à celuy de ces deux Rois qui l'aura declarée, ou faite à l'un desdits Princes contractans, & ne poseront pas les armes que l'Empereur ne soit en possession de la Sicile, & en sureté pour ses Royaumes & Etats d'Italie,

quæ sua Majestates Christianissima & Britannica, Dominique Status Generales, suæ Majestati Cæsareæ, vi & in executionem præsentis Tractatûs suppeditabunt, Reges Hispaniæ & Sardiniæ, vel unus illorum, bellum alterutri dictorum Contractantium declararet, aut inferret, sive eum in suis Ditionibus aggrediendo, sive eorum subditos, aut naves, res & merces, terrâ, marive violenter retinendo, in eum casum duæ aliæ Potentiæ Contractantes illicò bellum præfatis Regibus Hispaniæ & Sardiniæ, vel illi binorum eorum Regum, qui id alterutri dictarum Potentiarum contractantium denuntiaverit aut intulerit, declarabunt neque arma ante deponent, quam Imperator in possessione Siciliæ & securus ratione suorum Regnorum & Provinciarum in Italiâ sit, satisfactumque pro justitiâ fuerit, illi ex tribus Partibus Contractantibus, quæ occasione præsentis Tracta-

tûs, armis impetita aut damnificata fuerit.	& qu'une juste satisfaction ne soit faite, à celle des trois Puissances contractantes, qui aura été attaquée ou lesée, à l'occasion du present Traité.
ARTICULUS IV.	ARTICLE IV.
Ubi unus dumtaxat præfatorum binorum Regum, qui pacis conditionibus cum sua Majestate Cæsareâ faciendæ, nec dum assentiti sunt, eas acceptaret, is quoque quatuor Partibus contractantibus, ad compellendum eum qui eas recusaverit se conjunget, submittetque suam partem subsidiorum juxta distributionem desuper faciendam.	Si l'un seulement desdits deux Rois, qui n'ont pas encore consenti ausdites conditions de Paix avec Sa Majesté Imperiale les accepte, il se joindra aussi aux quatre Puissances contractantes, pour contraindre celuy qui les aura refusées, & il fournira sa part des subsides, suivant la répartition qui en sera faite.
ARTICULUS V.	ARTICLE V.
Si Rex Catholicus, amore boni publici, & quod commutatio Regnorum Siciliæ & Sardiniæ, pro manutentione Pacis universalis necessaria sit, persuasus, in eam consentiat, conditionesque Pacis cum Imperatore ineundæ, ut suprà, amplectatur, è contra verò Rex Sardiniæ,	Si le Roy Catholique touché du bien public, & persuadé, que l'échange des Royaumes de Sicile & de Sardaigne est necessaire, pour le maintien de la Paix generale, y consent de même qu'aux autres susdites conditions de sa Paix avec l'Empereur, &

& que le Roy de Sardaigne au contraire, refusant cet échange, persiste à retenir la Sicile ; En ce cas, le Roy d'Espagne restituera la Sardaigne à l'Empereur, qui (sauf sa Souveraineté sur ce Royaume) en confiera la garde au serenissime Roy de la Grande Bretagne, & aux Seigneurs Etats Generaux, jusqu'à ce que la Sicile estant soûmise, le Roy de Sardaigne souscrive aux susdites conditions de son Traité avec l'Empereur, & consente de recevoir pour équivalent du Royaume de Sicile, celuy de Sardaigne, qui luy sera remis pour lors par le Roy de la Grande Bretagne, & les Etats Generaux. Et si Sa Majesté Imperiale ne pouvoit parvenir à conquerir la Sicile, & à la soumettre à sa puissance, le Roy de la Grande Bretagne & les Etats Generaux luy restitueront en ce cas le Roy-

eâ permutatione rejectâ, Siciliam retinere persistat, in eo casu, Rex Hispaniæ Sardiniam Imperatori restituet, qui istius Regni custodiam, (Salvo supremo suo in illud Dominio) Serenissimo Regi Britannico & Dominis Statibus Generalibus tamdiu committet, donec subactâ Siciliâ, Sardiniæ Rex, supra recensitis conditionibus, Tractatûs cum Imperatore ineundi subscribat, atque in acceptationem, Regni Sardiniæ loco, æquivalentis pro Regno Siciliæ, consentiat, quo facto, in ejus possessionem, à Rege Magnæ Britanniæ, statibusque generalibus mittetur. Si vero sua Majestas Cæsarea expugnare Siciliam, atque in suam potestatem redigere nequiret, in eum casum, Magnæ Britanniæ Rex, Statusque Generales, Regnum Sardiniæ eidem restituent, fructurque interim sua Majestas Cæsarea dicti Regni redditibus, qui sumptus in custodiam factos excedent.

L

Articulus VI.

Ast ubi Regem Sardiniæ in dictam permutationem consentire, Regem vero Hispaniarum eamdem recusare contingeret, in hoc casu, Imperator adjutus reliquorum compaciscentium auxiliis, Sardiniam oppugnabit, quæ tamdiu ei submittere spondent, æque ac sua Majestas Cæsarea, arma minimè deponere promittit, donec universum Sardiniæ Regnum occupaverit, quod mox ab occupatione, Regi Sardiniæ cedet.

Articulus VII.

Quod si uterque & Hispaniæ & Sardiniæ Rex, permutationi Siciliæ & Sardiniæ sese opponerent, Imperator, una cum sociorum auxiliis, primo loco Regnum Siciliæ adorietur, quo occupato, arma con-

aume de Sardaigne, & Sa Majesté Imperiale joüira cependant des revenus de ce Royaume qui excederont, les frais de garde.

Article VI.

Et s'il arrive que le Roy de Sardaigne consente audit échange, & que le Roy d'Espagne refuse d'y acquiescer, l'Empereur en ce cas attaquera la Sardaigne, aidé des secours des autres contractans, lesquels ils s'engagent de luy continuer, comme Sa Majesté Imperiale s'oblige également de ne pas poser les armes, jusqu'à ce qu'elle se soit emparée de tout le Royaume de Sardaigne, lequel elle remettra aussi-tost aprés au Roy de Sardaigne.

Article VII.

En cas d'opposition à l'échange de la Sicile & de la Sardaigne, de la part du Roy d'Espagne & de la part du Roy de Sardaigne, l'Empereur attaquera premierement el Royaume de Sicile, conjointement avec les secours des Alliez, & lorsqu'il l'aura conquis, il attaquera la Sardaigne, avec tel nombre de Troupes, qu'il jugera necessaire pour l'une & l'autre expedition, outre les secours des Alliez, & la Sardaigne estant soumise, Sa Majesté Imperiale en confiera la garde au Roy de la Grande Bretagne, & aux Seigneurs Etats Generaux, jusqu'à ce que le Roy de Sardaigne souscrive aux susdites conditions de paix avec l'Empereur, & consente de recevoir pour équivalent du Royaume de Sicile, le Royaume de Sardaigne, qui luy sera remis pour lors par Sa Majesté Britanique & par les Etats Generaux, & Sa Majesté Imperiale joüira cependant des revenus de ce Royaume, qui excederont les frais de garde?

ARTICLE VIII.
Au cas que le refus du Roy Catholique & du

tra Sardiniam vertet, eo copiarum numero, quo præter auxilia sociorum ad utramque expeditionem opus esse existimabit, subacta quoque Sardiniâ, ejus custodiam, sua Majestas Cæsarea Regi Britannico, Dominisque Statibus Generalibus eo usque committet, donec Sardiniæ Rex conditionibus pacis cum Imperatore ineundæ subscripserit, atque Regnum Sardiniæ, pro æquivalente Regni Siciliæ acceptare consentiat, sibi tunc sua Majestate Britannicâ, Statibusque Generalibus tradendum, frueturque interim sua Majestas Cæsarea redditibus istius Regni, qui sumptus in custodiam factos superabunt.

ARTICULUS VIII.
Casu quo Rex Catholicus, Sardiniæque Rex, vel

L ij

alter uterillorum, dictas conditiones pacis illis propositas acceptare & exequi renuerent, ob eamque causam quatuor partes compaciscentes, viâ facti contra eos vel alterutrum eorum procedere compellerentur, conventum diserte fuit, Imperatorem (qualemcumque ejus armâ progressum contra dictos binos Reges, aut eorum alterutrum habere possent) contentum esse & acquiescere debere, emolumentis sibi in dictis conditionibus mutuo consensu designatis, reservatâ tamen suæ Majestati Cæsareæ potestate, jura sua, quæ adversus Regem Sardiniæ, super eâ parte status Mediolanensis, quam iste nunc possidet, habere prætendit, armis, vel etiam per tractatum pacis tale bellum subsecuturum, revindicandi, salvâ quoque aliis tribus compasciscentibus, in casum, ubi ejusmodi bellum contra Regem Hispaniæ & Regem Sardiniæ suscipiendum foret, facultate, cum

Roy de Sardaigne, ou de l'un d'eux, d'accepter & d'executer lesdites conditions de Paix, qui leur sont proposées, obligeât les quatre Puissances contractantes, de venir aux voyes de fait contr'eux, ou l'un d'eux, il a esté convenu expressément, que l'Empereur devra se contenter des avantages stipulez pour luy, d'un commun consentement dans les susdites conditions, quelque succés que pussent avoir ses armes contre les deux Rois ou l'un d'eux, sauf pourtant à Sa Majesté Imperiale de revendiquer par les armes, ou par la negociation de paix, qui suivroit une telle guerre contre le Roy de Sardaigne, les droits qu'elle prétend avoir sur les parties de l'Etat de Milan que ce Roy possede, & sauf aussi aux trois autres contractans, en cas qu'il leur fallut entreprendre une pareille guerre contre le

Roy d'Espagne & contre le Roy de Sardaigne, de convenir & de désigner avec Sa Majesté Imperiale, en faveur de quel autre Prince, elle devra disposer alors de la partie du Duché de Montferrat, que le Roy de Sardaigne possede actuellement, à l'exclusion de ce Roy, & à quel autre Prince, ou à quels autres Princes, elle devra donner des Lettres d'Expectatives, contenant l'investiture éventuelle, des Etats possedez presentement par le Grand Duc de Toscane, & par le Duc de Parme & de Plaisance, à l'exclusion des fils de la presente Reine d'Espagne, avec le consentement de l'Empire ; bien entendu que jamais en aucun cas, ni Sa Majesté Imperiale, ni aucun Prince de la Maison d'Austriche, qui possedera les Royaumes, Provinces & Etats d'Italie, ne pourront s'approprier lesd. Etats de Toscane & de Parme.

suâ Majestate Cæsareâ conveniendi, & designandi alium quemdam Principem in cujus favorem, tunc sua Majestas Cæsarea, de parte Ducatûs Montisferratensis, à Rege Sardiniæ modo possessâ, ad ejusdem exclusionem disponere, & quali alteri Principi, vel qualibus aliis Principibus, litteras Expectativæ, Investituram continentes eventualem, statuum, nunc à Magno Duce Hetruriæ, & à Duce Parmæ Placentiæque possessorum, in exclusionem filiorum præsentis Reginæ Hispaniæ, accedente consensu Imperii, concedere debeat, hac Declaratione adjectâ, quod nullo unquam tempore aut casu, neque sua Majestas Cæsarea, neque ullus Princeps è Domo Austriacâ, qui Regna, Ditiones & Provincias Italiæ possidebit, dictos Ducatus Hetruriæ & Parmæ, asserere sibi aut attribuere valeat.

ARTICULUS IX.

Verum, ubi sua Majestas Cæsarea Siciliam, adhibito sufficienti copiarum numero, Sociorumque Auxiliis & mediis, impensâ quoque congruâ diligentiâ, armis subigere, aut in possessione istius Regni stabilire se nequiret, partes compasciscentes conveniunt declarantque, suam Majestatem Cæsaream esse & fore in eum casum, omninò liberam & solutam ab omni obligatione per hunc Tractatum assumpta, consentiendo in supra dictas conditiones pacis, se inter Regesque Hispaniæ & Sardiniæ ineundæ: Salvis tamen reliquis præsentis Tractatûs articulis, qui suam Majestatem Cæsaream, suasque Majestates Regias Christianissimam & Magnæ Britanniæ & Dominos status generales uniti Belgii mutuò spectant.

ARTICLE IX.

Mais si Sa Majesté Imperiale, après avoir employé les Troupes suffisantes avec les moyens & les secours fournis par les Alliez, & après avoir fait les diligences convenables, ne pouvoit se rendre maître de la Sicile par la force des armes, ni s'établir dans la possession de ce Royaume; les Puissances contractantes conviennent & déclarent, qu'en ce cas, Sa Majesté Imperiale est & sera entierement libre & déliée, de tous les engagemens qu'elle a pris par ce present Traité, en consentant aux susdites conditions de la Paix à faire, entr'Elle & les Rois d'Espagne & de Sardaigne, sans préjudice cependant des autres Articles du present Traité, qui regardent mutuellement Sa Majesté Imperiale & leurs Majestez Très-Chrètienne & Britannique, & les Seigneurs Etats Generaux des Provinces-Unies.

ARTICLE X.

Toutefois la sûreté & le repos de l'Europe, étant l'objet des renonciations à faire, par Sa Majesté Imperiale & par Sa Majesté Catholique, pour Elles & pour leurs descendans & successeurs, à toutes prétentions d'un côté sur le Royaume d'Espagne & des Indes, & de l'autre sur les Royaumes, Provinces & Etats d'Italie, & sur les Pays-Bas Austrichiens, lesdites renonciations seront faites de part & d'autre, de la maniere & en la forme, qu'il est stipulé par les Articles 2. & 4. des conditions de la Paix à faire entre Sa Majesté Imperiale, & Sa Majesté Catholique. Et quoique le Roy Catholique refusât d'accepter les susdites conditions, l'Empereur fera neanmoins expedier les Actes de ses renonciations ; dont la publication sera differée

ARTICULUS X.

Attamen cum securitas & tranquilitas Europæ, finis, scopusque sit renunciationum à sua Majestate Cæsareâ & sua Majestate Catholicâ, pro se, suis descendentibus & successoribus, omnium pretentionum, super Regno Hispaniæ & Indiis ex unâ, ex alterâ parte verò, super Regnis, ditionibus & Provinciis Italiæ & Belgico-Austriacis, faciendarum memoratæ renunciationes fient ab unâ & alterâ parte, eo modo & formâ, uti articulo secundo & quarto, conditionum pacis, inter suam Majestatem Cæsaream & Regiam Catholicam Majestatem pangendæ conventum fuit, & quamvis Rex Catholicus præmemoratas conditiones acceptare recusaret, Imperator nihilominus instrumenta suæ renunciationis expediri faciet, cujus tamen publicatio, in diem subscriptionis pacis suæ cum Rege Catholico differetur; Et si Rex Catholicus in rejiciendâ dictâ pace constanter perseveraret, sua Majestas Cæsarea nihilo seciùs Regi Britannico, eo tempore quo ratificationes istius Tractatus commutabuntur, actum solemnem dictarum renunciationum extradet, quem sua Majestas Britannica, juxta commune contractantium pactum, Regi Christianissimo ante non exhibendum promittit, quam sua Majestas Cæsarea in possessionem Siciliæ, pervenerit, quâ adeptâ, tunc tam exhibitio, quam publicatio dicti actûs renunciationum Cæsarearum, ad primam Regis Christianissimi requisitionem fiet, istæque renunciationes locum habebunt, sive Rex Catholicus paci cum Imperatore subscripserit, sive non, eo quod in hoc ultimo casu guarantia partium compascicentium Cæsari esse debeat loco securitatis quam alioquin ipsæ renun-

jusqu'à la signature de la Paix entre l'Empereur & le Roy Catholique; Et si le Roy Catholique persistoit à ne vouloir pas souscrire à cette Paix, Sa Majesté Imperiale remettra cependant au Roy de la Grande Bretagne, en même temps que se fera l'échange des ratifications de ce present Traité, un Acte autentique desdites renonciations, lequel Sa Majesté Britannique, du consentement unanime des Contractans, s'engage de n'exhiber au Roy Très-Chrétien, qu'après que Sa Majesté Imperiale aura esté mise en possession de la Sicile: Et après que Sa Majesté Imperiale sera en possession de ce Royaume, tant l'exhibition, que la publication dudit Acte des renonciations de Sa Majesté Imperiale, se fera à la premiere requisition du Roy Très-Chrêtien, & ces renonciations au-

ront

ront lieu, soit que le Roy Catholique ait signé la Paix avec l'Empereur ou non, vû qu'en ce dernier cas, la garantie des Puissances contractantes, devra tenir lieu à l'Empereur, de la sûreté que les Renonciations du Roy Catholique auroient donnée à Sa Majesté Imperiale, pour la Sicile, & les autres Etats d'Italie, & pour les Provinces des Pays-Bas.

nationes Regis Catholici, suæ Majestati Cæsareæ pro Sicilia & ceteris Italiæ statibus, Belgiique Provinciis præstitissent.

ARTICLE XI.

Sa Majesté Imperiale promet, de ne rien entreprendre, ni tenter contre le Roy Catholique, ni contre le Roy de Sardaigne, ni generalement contre la Neutralité d'Italie, pendant les trois mois qui ont été accordez à ces deux Princes, pour accepter les susdites conditions de leur Paix avec l'Empereur; mais si pendant ce terme de trois mois le Roy Catholique, au lieu

ARTICULUS XI.

Sua Majestas Cæsarea promittit, nihil se moliri aut movere, nec contra Regem Catholicum, nec contra Regem Sardiniæ, & generaliter, contra neutralitatem Italiæ velle, in termino illo trimestri, qui iis pro acceptandis conditionibus pacis suæ cum Imperatore concessus est. Ast si intra dictum tempus trium mensium, Rex Catholicus, loco dictas conditiones acceptandi, suas potius hostilitates, contra suam Majestatem Cæsaream prosequi pergeret, vel si Rex Sardiniæ, Provincias quas Imperator in Italia possidet, armis aggrederetur, in eum casum, suæ Majestates Christianissima & Britannica, nec non Domini Status Generales obstringunt sese, ad submittenda illico suæ MajestatiCæsaræ in sui tutelam auxilia, quæ vi fœderis hodie subscripti, pro reciproca suorum statuum defensione invicem sibi præstare convenerunt, idque conjunctim vel separatim, neque etiam expectato duorum mensium lapsu, amicis officiis adhibendis, aliàs in dicto fœdere præfixorum ; & ubi auxilia in dicto Tractatu determinata fini proposito, haud sufficerent, quatuor partes compasciscentes, mox inter se, de validiore ope suæ Majestati Cæsareæ ferenda, convenient

d'accepter les susdites conditions, continuoit ses hostilitez contre Sa Majesté Imperiale, ou si le Roy de Sardaigne attaquoit à main armée les Etats qu'elle possede en Italie, en ce cas, leur Majestez Très-Chrétienne & Britanique, & les Seigneurs Etats Generaux, s'engagent de fournir incessament à Sa Majesté Imperiale pour sa défense, les secours qu'ils sont convenus de se donner mutuellement, pour la défense reciproque de leurs Etats, par l'Alliance signée ce jourd'hui, conjointement ou separément, & même sans attendre que le terme de deux mois, fixé par ladite Alliance pour employer des Offices amiables, soit écoulé; & si les secours specifiez dans ledit Traité ne suffisoient pas pour la fin proposée, les quatre Puissances contractantes, conviendront sans délai entre elles des secours plus considerables, à fournir à Sa Majesté Imperiale.

Article XII.

Les onze articles cy-dessus, demeureront secrets entre leurs Majestez Imperiale, tres Chrétienne & Britannique, & les Etats generaux, pendant l'espace de trois mois, à compter du jour de la signature, à moins que les quatre Puissances contractantes, d'un commun consentement, ne jugeassent à propos d'abreger ou de prolonger ce terme : & quoique lesdits onze articles cy-dessus soient séparés du Traité d'alliance, signé ce jourd'hui, entre lesdites quatre Puissances contractantes, ils auront cependant la même force & vigueur, que s'ils y étoient inserés mot à mot, étant censés en faire une partie essentielle : Et les ratifications en seront fournies en mê-

Articulus XII.

Præmissi undecim articuli, apud suam Majestatem Cæsaream, suas Majestates Christianissimam & Britannicam Statusque Generales, per spatium trium mensium à die subscriptionis, secreti manento, nisi abbreviare terminum illum, aut producere de communi eorum placito videretur; quamvis præfati undecim articuli, sint à Tractatu fœderis hodiernâ die, à quatuor dictis Partibus compaciscentibus subscripto, separati, eamdem tamen vim ac robur habebunt; ac si illi, de verbo in verbum, inserti essent, cum ejus partem essentialem efficere censeantur. Porro Ratihabitiones eorum uno tempore, cùm alteris illius Tractatus extradentur.

M ij

me temps que celles du Traité.

In quoru msidem, nos infra scripti, vigore Plenipotentiarum, hodie invicem exhibitarum hos articulos separatos & secretos subscripsimus & sigillis nostris communivimus. Actum Londini die ―――― mensis ―――― Anno Domini 1708.

En foy de quoy, Nous soussignés, en vertu des pleins pouvoirs communiquez ce jourd'hui reciproquement, avons signé ces Articles separés & secrets, & y avons apposé les cachets de nos armes. Fait à Londres le ―― du mois de Juillet V. S. / Août N. S. de l'an 1718.

(L.S.) CHRISTOFFER
    PENTERRIDTER
    AB ADELSHAU-
    SEN.
(L.S.) JOANNES PH.
    HOFFMAN.

(L.S.) DU BOIS.

(L.S.) W. CANT.
(L.S.) PARKER C.
(L.S.) SUNDERLAND P.
(L.S.) KINGSTON, C.P.
(L.S.) KENT.
(L.S.) HOLLES
    NEWCASTLE.
(L.S.) BOLTON.
(L.S.) ROXBURGHE.
(L.S.) BERKELEY
(L.S.) J. CRAGGS.

ARTICULUS SEPARATUS.

Qùm Tractatus hodierno die, inter Majestatem suam Cæsaream, Majestatem suam Christianissimam & Majestatem suam Britannicam initus signatusque, ac in se complectens, tam conditiones, quæ

ARTICLE SEPARÉ.

Comme le Traité conclu & signé ce jourd'hui par leurs Majestés Imperiale, Tres-Chrétienne & Britannique, & qui renferme, tant les conditions, qui ont été estimées les plus équitables & les plus propres, pour établir la Paix entre l'Empereur & le Roy Catholique, & entre ledit Empereur & le Roy de Sicile, que celles de l'Alliance conclue entre lesdites Puissances contractantes, pour le maintien de la Paix, a été communiqué aux Hauts & Puissans Seigneurs, les Etats Generaux des Provinces Unies des Pays-Bas; & que les Articles séparez & secrets qui ont aussi été signez ce jourd'hui, & qui contiennent les moyens, dont l'on a trouvé à propos de se servir, pour executer ledit Traité, doivent être proposez incessamment aux mêmes Etats Generaux : Le zele que cette Republique témoigne pour rétablir, & assûrer le repos public, ne laisse aucun lieu de douter, qu'elle ne veuille d'elle-même acceder audit Traité. C'est pourquoi lesdits Etats Generaux sont com-

æquissimæ, summèque aptæ judicatæ sunt, ad Pacem stabiliendam inter Imperatorem & Regem Catholicum, atque inter dictum Imperatorem Regemque Siciliæ; quàm conditiones fœderis, ad Pacem publicam conservandam inter prædictas Potentias contrahentes sanciti, celsis & præpotentibus Dominis Ordinibus Generalibus Unitarum Belgii Provinciarū, communicatus fuerit; cùmque articuli separati & secreti, hodie itidem signati, continentesque rationes quas ad Tractatum supra dictum executioni mandandum inire visum est, iisdem Ordinibus Generalibus, mox proponendi sint, studium quod illa Respublica testatur, ad restituendam firmandamque tranquillitatem publicam, nullum dubitandi locum relinquit, quin ipsa eidem, animo perlubenti, accedere velit. Ideoque dicti Ordines generales, tanquam partes contrahentes, in ipso Tracta-

M iij

seu nominatim inseruntur sub spe scilicet fidentissimâ, illos eidem sese tam cito adjuncturos, ac usitatæ in Statu suo formulæ id pati possint.

Sin verò præter spem & vota Partium contrahentium (quod tamen omnino non suspicandum est) præfati Domini Ordines Generales, Tractatui supradicto accedendi consilium haud ceperint, expressè conventum concordatumque est inter dictas Partes contrahentes, quod Tractatus sæpe nominatus, hodiernoque die signatus, effectum suum inter ipsas nihilominus sortietur, & in omnibus ejus clausulis & articulis executioni mandabitur, eodem modo quo ibidem constitutum est, ejusdemque Ratificationes temporibus præfinitis exhibebuntur.

pris nommément dans ce Traité, comme Parties contractantes, dans la confiance, que lesdits Etats y entreront aussi promptement, que les formalitez requises par la constitution de leur Gouvernement pourront le permettre.

Et si contre l'esperance & les vœux des Parties contractantes (ce que cependant l'on ne doit point soupçonner) lesdits Seigneurs Etats Generaux ne prenoient point la résolution d'acceder audit Traité, il a été convenu & arrêté expressément entre lesdites Parties contractantes, que ledit Traité, signé ce jourd'hui, ne laissera pas d'avoir son effet, & d'être executé par lesdites Puissances, dans toutes ses clauses & Articles de la même maniere qu'il a été stipulé, & que les ratifications en seront échangées dans le temps marqué.

Cet Article séparé aura la même force, que s'il avoit été inseré mot à mot, dans les Traité conclu & signé ce jourd'hui, il sera ratifié de la même maniere, & les Ratifications en seront échangées dans le même tems que le Traité.

En foi de quoi, Nous soussignez, en vertu des Pleins-Pouvoirs communiquez ce jourd'hui reciproquement, avons signé cet Article séparé, & y avons apposé les cachets de nos armes. Fait à Londres le 22 du mois de Juillet V. S. / Août N. S. de l'an 1718.

Articulus iste separatus eamdem vim obtinebit, acsi ipsimet Tractatui hodie concluso signatoque verbotenus insertus fuerit, ratihabebiturque eodem modo, atque ratihabitionum tabulæ intra idem tempus, cum ipso Tractatu extradentur.

In quorum fidem nos infra scripti, vigore Plenipotentiarum hodie invicem exhibitarum, hunc articulum separatum subscripsimus & sigillis nostris communivimus. Actum Londini die vicesimo secundo / secundo mensis Julii S. V. / Augusti N. S. anno Domini millesimo septingentesimo decimo octavo.

(L. S.) CHRISTOFFus PENTERRIDTER AA ADELSHAUSEN.
(L. S.) JOANNES PHIL. HOFFMAN.

(L. S.) DU BOIS.

(L. S.) PARKER.
(L. S.) SUNDERLAND, P.
(L. S.) KENT.
(L. S.) HOLLES NEWCASTLE.
(L. S.) BOLTON.
(L. S.) ROXBURGHE.
(L. S.) STANHOPE.
(L. S.) J. CRAGGS.

(L. S.) J. PROVANA
(S. S.) DE LA PERROUSE.

RATIFICATION DU ROY.

NOus ayant agréables les susdits articles separez & secrets, en tous & chacuns les points qui y sont contenus, avons de l'avis de notre trescher & tres-amé Oncle le Duc d'Orleans, Regent de notre Royaume, iceux tant pour Nous, que pour nos heritiers & successeurs, Royaumes, Pays, Terres, Seigneuries & Sujets, accepté, approuvé, ratifié & confirmé, & par ces Presentes, signées de Notre main, acceptons, approuvons, ratifions & confirmons, & le tout promettons en foy & parole de Roy, garder & observer inviolablement, sans jamais aller ni venir au contraire, directement ou indirectement, en quelque sorte & maniere que ce soit. En témoin de quoi Nous avons fait mettre notre sceau à ces Presentes. Donné à Paris le trente-uniéme jour d'Août l'an de grace 1718. & de Notre Regne le troisiéme. Signé, LOUIS. Et plus bas, par le Roy, LE DUC D'ORLEANS, Regent present, signé, PHELIPPEAUX, & scellé du grand Sceau de cire jaune, sur lacs de soye bleüe tressés d'or, le sceau enfermé dans une boëte d'argent, sur le dessus de laquelle sont empreintes & gravées les armes de France & de Navarre, sous un Pavillon Royal soutenu par deux Anges.

Ratificatio Cæsarea.	Ratification de l'Empereur.
Quod nos præmissos hosce ita conclusos, ac per Plenipotentiarios virtute mandati signatos articulos, omnes & singulos non secùs ac fœderis Tractatum, cujus ut pote partem facere censentur, in universum, ratos, gratosque habuerimus, approbaverimusque	Nous, après avoir vû les Articles cy-dessus, arrestés & signés par nos Plenipotentiaires, en vertu de notre Mandement, ensemble le Traité d'Alliance y énoncé, dont ces articles sont censés faire partie, avons tous iceux approuvés & ratifiées,

ratifiés, les approuvons & ratifions en vertu des Presentes : Promettons en parole d'Empereur, de Roy & d'Archiduc, les accomplir & observer fidelement & religieusement, chacun en particulier. En foi de quoi Nous avons signé de notre main le present Acte de ratification, & à icelui fait mettre notre Sceau. DONNE' à Vienne le 14 du mois de Septembre 1718 l'an de nos Regnes des Romains le septiéme, d'Espagne le quinziéme, & de Hongrie & de Boheme le huitiéme. CHARLES, *par Mandement de Sa sacrée Imperiale & Catholique Majesté.* JEAN-GEORGE BUOL. *Et à côté,* PHILIPPE-LOUIS COMTE DE SINZENDORF, & scellé du sceau de l'Empereur, dans une boete d'argent doré.

prout & eos omnes & singulos, vigore præsentium approbamus & ratihabemus, verbo Cæsareo, Regio & Archiducali spondentes, nos dictos articulos & eorum quemvis sanctè religioseque impleturos ac observaturos esse. In quorum fidem, præsens Ratificationis Instrumentum propriæ manûs subscriptione, appensoque nostro sigillo communivimus. Viennæ quatuor decimâ mensis Septembris, anno Domini millesimo septingentesimo decimo octavo: Regnorum nostrorum Romani septimo: Hispaniarum decimo quinto: Hungarici verò & Bohemici octavo. CAROLUS. *Ad mandatum sac. Cæs. & Cathol. Regiæ Majestatis proprium,* JOANNES-GEOR. BUOL. *ad latus,* PHILIPPUS-LUDOVICUS COMES A SINZENDORFF.

RATIFICATIO Regis Magnæ Britannicæ.

Nos visis & perpensis articulis separatis & secretis suprascriptis, eosdem in omnibus & singulis eorundem clausulis approbavimus, ratos, gratos, firmosque habuimus, sicut per præsentes pro nobis, hæredibus & successoribus nostris, eosdem approbamus, ratos, gratos firmosque habemus; spondentes, ac in verbo Regio promittentes, nos omnia & singula, quæ in prædictis articulis separatis & secretis continentur, sincere & bonâ fide præstituros, & observaturos, neque permissuros unquam, quantum in nobis est, ut à quopiam violentur, aut ut ullo modo iisdem in contrarium eatur. In quorum omnium majorum fidem & robur præsentibus, manu nostrâ Regiâ signatis, magnum nostrum magnæ Britanniæ sigillum

RATIFICATION du Roy de la Grande Bretagne.

Nous après avoir vû & examiné les Articles séparés & secrets cy-dessus, avons iceus approuvés, ratifiés, agreés & confirmés, en tout leur contenu, les aprouvons, agreons, ratifions & confirmons, pour Nous, nos heritiers & successeurs, promettans & nous engageans, en parole de Roy, d'observer & accomplir sincerement & de bonne foi toutes & chacunes les choses, contenues dans les Articles cy dessus, séparés & secrets, & de ne souffrir jamais, autant qu'il sera en notre pouvoir, qu'aucun aille au contraire, en quelque maniere que ce puisse être. En foy de quoi, & pour donner plus de force à ces Presentes, nous les avons signées de notre main Royale, & à icelles fait mettre notre grand Sceau de la grande Bretagne. DONNE' en notre Palais de Kenſington, le 7ᵉ jour du mois d'Août, l'an de N. S. 1718. & de notre Regne le cinquiéme. GEORGE R. Et ſcellé du grand ſceau, dans une boete d'argent.

appendi fecimus. Quæ dabantur in Palatio noſtro apud Kenſington, ſeptimo die menſis Auguſti, anno Domini milleſimo ſeptingenteſimo decimo octavo, Regnique noſtri quinto. GEORGIUS R.

ACCESSION DU ROY DE SICILE
au Traité.

LOUIS PAR LA GRACE DE DIEU, Roy de France & de Navarre : A tous ceux qui ces Presentes Lettres verront, SALUT. Comme nôtre amé & feal le sieur Abbé du Bois, Conseiller en tous nos Conseils, Ministre & Secretaire d'Etat & de nos Commandemens, auroit en vertu des Pleins Pouvoirs que Nous lui en avions donnez, signé à Paris le 18. Novembre dernier, l'Acte d'accession de nôtre tres-cher & tres-amé frere & grand pere le Roy de Sardaigne, aux Traitez & Articles conclus à Londres le deux Août dernier en nôtre nom, & en ceux de nôtre tres-cher & trés-amé frere l'Empereur des Romains, & de nôtre tres-cher & tres-amé frere le Roy de la Grande Bretagne, lequel Acte d'accession avoit été arrêté & signé à Londres le huit du mois de Novembre dernier, entre les sieurs Christophe Penterridter d'Adelshausen, Conseiller Imperial Aulique, & Assesseur du Conseil des Pays-Bas Autrichiens ; & Jean Philippe Hoffman, Resident de nôtredit frere l'Empereur des Romains à Londres, ses Plenipotentiaires, pareillement munis de ses Pleins-Pouvoirs ; les sieurs Thomas Parker, Baron de Macclesfield, Grand Chancelier de nôtredit frere le Roy de la Grande Bretagne; Charles Comte de Sunderland, President du Conseil de nôtredit frere; Henry Duc de Kent, Grand Maître de la Maison de nôtredit frere;

Thomas Duc de Newcastle, Chambellan; Charles Duc de Bolton Lieutenant & Gouverneur General du Royaume d'Irlande; Jean Duc de Roxburghe l'un des premiers Secretaires d'Etat de la Grande Bretagne; Jacques Comte de Stanhope, aussi l'un des premiers Secretaires d'Etat de la Grande Bretagne; & Jacques Craggs pareillement l'un des premiers Secretaires d'Etat de la Grande Bretagne, Plenipotentiaires de nôtredit frere le Roy de la Grande Bretagne, aussi munis de ses Pleins-Pouvoirs, & entre le sieur Comte de Provana, Chevalier grand Croix, & grand Conservateur de l'Ordre Militaire de Saint Maurice & de Saint Lazare, Gentilhomme de la Chambre, & Premier Secretaire des Guerres de nôtredit frere, & grand pere le Roy de Sardaigne, & le sieur Comte de la Perouse, Conseiller d'Etat, & Chevalier d'honneur au Senat de Savoye, Envoyé extraordinaire de nôtredit frere & grand pere, auprès de notredit frere le Roy de la Grande Bretagne, & ses Plenipotentiaires, pareillement munis de ses Pleins Pouvoirs, & desquels Traitez, Articles, & Acte d'accession, la teneur s'ensuit.

Comme les Plenipotentiaires de Sa Majesté Imperiale Catholique, de Sa Majesté Tres-Chrétienne, & de Sa Majesté Britannique, ont conclu & signé, avec les formalitez requises, à Londres le ²⁹ du mois de Juillet/Août der-

Quandoquidem Tractatus quidam, articulique separati & secreti, itidemque articuli alii quatuor separati, eodem spectantes, iique omnes ejusdem vigoris, cum Tractatu principali per Ministros Plenipotentiarios Majestatis Suæ Cæ-

N iij

sareæ & Catholicæ, Majestatis suæ Christianissimæ, & Majestatis suæ Britannicæ, Londini $\frac{Vicesima\ secunda}{secunda}$ mensis $\frac{Julii}{Augusti}$ proximè præterlapsi, inter partes contrahentes supranominatas ritè conclusi signatique fuerint, quorum omnium tenor de verbo adverbum hic sequitur.

Fiat Insertio.

Cumque porro Rex tum Siciliæ, quem vero nunc Regis Sardiniæ nomine appellari conventum est, secundum mentem Tractatûs articulorumque supra insertorum, invitatus fuerit, ut iisdem omnibus & singulis plene, ampleque accedere, & partibus contrahentibus, tanquam pars ipse ab initio compaciscens, sese formâ debitâ adjungere vellet, cumque dictus Rex Sadiniæ mature, perpensis conditionibus in

nier, un Traité entre les Parties contractantes, & des Articles séparez & secrets, aussi bien que quatre autres Articles separez, qui y ont rapport, & qui ont tous la même force que le Traité principal; de tous lesquels la teneur s'ensuit ici de mot à mot.

Ici sont inserez le Traité & les Articles separez & secrets.

Mais comme le Roy de Sicile, que l'on est convenu de nommer presentement Roy de Sardaigne, selon l'esprit du Traité, & des Articles ci-dessus inserez, a été invité de vouloir acceder pleinement, & dans toute leur étenduë à tous & chacun d'eux, & de se joindre en la forme requise, aux autres Parties contractantes, comme s'il avoit été lui-même partie contractante dès le commencement; Et d'autant que ledit Roy de Sardaigne, après avoir examiné murement les conditions portées expressément par le Traité, Et les Articles inserez ci dessus, a non seulement déclaré qu'il vouloit accepter ces mêmes conditions, & les approuver par son accession ; mais même qu'il a donné des Pleins-Pouvoirs suffisans aux Ministres qu'il a nommez, pour consommer cet ouvrage; Pour parvenir à une fin aussi Salutaire & aussi désirée, Nous soussignez Ministres Plenipotentiaires de Sa Majesté Imperiale Catholique, de Sa Majesté Tres Chrétienne & de Sa Majesté Britanique, au nom & de l'autorité de leursdites Majestés, avons admis, adjoint & associé, & par ces présentes admettons, adjoignons & associons, pleinement & entierement le susdit Roy de Sardai-

Tractatu articulisque præinsertis speciatim expressis, non solùm declaraverit sese velle easdem acceptare, & accessione suâ comprobare, verum etiam Plenipotentiarum Tabulas sufficientes Ministris suis ad id opus perficiendum nominatis, concesserit. Quò itaque negotium tam salutare, finem optatum consequatur, nos infra scripti Majestatis suæ Cæsareæ & Catholicæ, Majestatis suæ Christianissimæ & Majestatis suæ Britannicæ Ministri Plenipotentiarii, nomine & autoritate dictarum suarum Majestatum, supra fatum Regem Sardiniæ, in Tractatus præinserti, articulorumque omnium & singulorum eodem pertinentium societatem plenam, atque omnimodam admisimus, adjunximus atque aggregavimus, ac per præsentes admittimus adjungimus atque aggregamus, eâdem authoritate promittentes, quod Majestates suæ supra fatæ, conjunctim & sigillatim omnes & singulas conditiones, cessiones pactiones, guarantias, fideijussionesque, in Tractatu, articulisque sæpe nominatis contentas expressasque, dicto Regi Sardiniæ penitus & adamussim præstabunt atque adimplebunt. Proviso insuper quod omnia & singula, de quibus conventum erat per articulos secretos, contra dictum Sardiniæ Regem, per præsentem hanc ejusdem accessionem cessent prorsus atque aboleantur. Vicissim vero, nos infra scripti Regis Sardiniæ Ministri Plenipotentiarii, virtute Plenipotentiæ rite exhibitæ atque recognitæ, cujus Apographum in fine hujus instrumenti adjectum est, testamur hisce, spondemusque dicti Regis nomine, quod prædictus Rex & Dominus noster, accedit plenè, amplequè Tractatui, Articulisque omnibus, & singulis ibidem præinsertis; quod accessione hac solemni, partibus contrahentibus supra memoratis, tan-

gne, au Traité inseré cy-devant, & à tous & chacuns des articles qui y ont rapport. Promettant en vertu de la même autorité, que leursdites Majestés conjointement & séparément, executeront & accompliront entierement, & exactement, à l'égard du Roy de Sardaigne, toutes & chacunes, des conditions, cessions, conventions, garenties & obligations contenuës & exprimées dans lesdits Traité & Articles : Bien entendu que toutes & chacunes des conventions, faites par les articles sécrets, contre ledit Roy de Sardaigne cessent, & sont abolies, au moyen de sa presente accession. Et Nous, soussignés Ministres Plenipotentiaires du Roy de Sardaigne, en vertu du Plein-Pouvoir dûement communiqué & reconnu, dont la copie est jointe à la fin de cet Acte, attestons de notre part

par

par ces présentes, & nous engageons en son nom, que le susdit Roy, notre Maître, accede pleinement & sans reserve au Traité, & à tous & chacuns des articles cy-dessus inserés: Que par cette accession solemnelle, il se joint, comme Partie stipulante dès le commencement, aux Parties contractantes cy dessus nommées: Qu'en vertu & par la force de cet Acte, la susdite Majesté du Roy de Sardaigne, tant pour Elle que pour ses heritiers & successeurs s'oblige & s'engage mutuellement envers Sa Majesté Imperiale Catholique, Sa Majesté tres-Chrétienne, & Sa Majesté Britannique, leurs heritiers & successeurs, conjointement & séparément, d'observer, executer, & accomplir toutes & chacune des conditions, cessions, conventions, garenties & obligations contenues &

quam pars ab initio compaciscens sese adjungit; quodque vi, vigoreque actus hujusce, antedicta Regis Sardiniæ Majestas, tam pro se quàm pro hæredibus suis & successoribus, sese mutuò obligat & obstringit, Majestati suæ Cæsareæ & Catholicæ, Majestati suæ Christianissimæ, & Majestati suæ Britannicæ earumque heredibus & successoribus, junctim & divisim, sese omnes & singulas conditiones, cessiones, pactiones, guarantias & fidejussiones in Tractatu, Articulisque supra insertis, expressas, memoratasque observaturam, præstituturam atque adimpleturam, versus omnes junctim, singulasque seorsim, eodem modo eademque fide, & religione, ac si pars contrahens ab initio fuerit, & cum Majestate sua Cæsareâ Catholicâ, Majestate suâ Christianissimâ, & Majestate suâ Britannicâ easdem conditiones, cessiones, pactiones, guarantias & fidejussiones conjunctim vel sigillatim inje-

O

vit, concluserit, signaveritque énoncées dans le Traité & dans les articles cy-dessus inserés, à l'égard de toutes lesdites Puissances conjointement, & de chacune d'elles séparément, de la même manière & aussi fidelement & religieusement, que si elle avoit esté une des parties contractantes dès le commencement, & qu'elle eût contracté, conclu & signé les mêmes conditions, cessions, conventions, garenties & obligations, conjointement ou séparément avec Sa Majesté Imperiale Catholique, Sa Majesté très Chrétienne, & Sa Majesté Britannique.

Instrumentum hoc admissionis, accessionisque dicti Regis Sardiniæ, ab omnibus partibus compaciscentibus ratihabebitur, Ratihabitionumque tabulæ ritè confectæ, intra spatium duorum mensium, à die subscriptionis computandorum, aut citius si fieri pote- Cet acte d'admission & d'accession dudit Roy de Sardaigne, sera ratifié par toutes les Parties contractantes, & les ratifications, expediées en bonne forme, seront échangées & delivrées de part & d'autre à Londres, dans l'espace de deux mois, à compter du jour de la signature, ou plutôt si faire se peut

En foy de quoy nous Plenipotentiaires des Parties contractantes, munis de part & d'autre de Pouvoirs suffisans, avons signé ces Presentes de nostre main, & y avons apposé les Cachets de nos Armes ; Sçavoir, les Plenipotentiaires de Sa Majesté Imperiale Catholique, de Sa Majesté Britannique & de Sa Majesté le Roy de Sardaigne à Londres le ——— du mois ——— & le Plenipotentiaire de Sa Majesté trés-Chrétienne. A Paris le 18. du mois de Novembre de l'an 1718.

rit, Londini commutabuntur, atque invicem extradentur.

In quorum omnium fidem, nos Plenipotentiarii partium contrahentium, Potestatibus hinc inde sufficientibus instructi, hasce praesentes manibus nostris subscripsimus, sigillisque appositis communivimus, scilicet Plenipotentiarii Majestatis suae Caesareae & Catholicae, Majestatis suae Britannicae, & Majestatis suae Regis Sardiniae Londini die ——— mensis ——— Plenipotentiarius autem Majestatis suae Christianissimae, Lutetiae Parisiorum die decimâ octavâ mensis Novembris anno Domini millesimo septingentesimo decimo octavo.

(L.S.) CHRISTOFFus P. ENTERRIDTER AB ADELSHAUSEN.
(L.S.) JOANNES PHIL. HOFFMAN.

(L.S.) DU BOIS.

(L.S.) PARKER.
(L.S.) SUNDERLAND. P.
(L.S.) KENT.
(L.S.) HOLLES-NEWCASTLE.
(L.S.) BOLTON.
(L.S.) ROXBURGHE.
(L.S.) STANHOPE.
(L.S.) J. CRAGGS.

(L.S.) PROVANA.
(S.S.) DE LA PERROUSE.

PLEIN POUVOIR DU ROY.

LOUIS PAR LA GRACE DE DIEU, ROY DE FRANCE ET DE NAVARRE: A tous ceux qui ces Presentes Lettres verront, SALUT, l'attention particuliere que nous avons euë depuis nostre avenement au Trosne, à contribuer autant qu'il est en nous, au maintien de la tranquillité publique, retablie par les Traités d'Utrecht & de Bade, & à l'affermissement de la Paix, nous ayant porté à conclure les Traités, qui ont esté signés à Londres le deuxiéme Aoust dernier, en nostre nom, avec les Ministres Plenipotentiaires de nostre trés cher & trés-amé frere, l'Empereur des Romains, & ceux de nôtre trés-cher & trés-amé frere, le Roy de la Grande Bretagne, & qui contiennent les conditions, qui doivent desormais servir de fondement à la Paix entre nostredit frere l'Empereur des Romains, & nôtre trés cher & trés-amé frere & Oncle, le Roy d'Espagne, & entre nostredit frere l'Empereur des Romains, & nostre trés-cher & trés amé frere & Grand-Pere, le Roy de Sicile, Estant informés d'ailleurs de la resolution que nostredit frere & Grand-Pere le Roy de Sicile a prise, d'accepter les conditions, qui lui ont esté reservées par lesdits Traités: Nous confians entierement en la capacité, experience, zele & fidelité pour nôtre service, de nôtre amé & feal le sieur Abbé Dubois, Conseiller en tous nos Conseils, Ministre & Secretaire d'Estat & de nos Commandemens: POUR CES CAUSES, & autres bonnes considerations, à ce nous mouvans, de l'avis de nostre trés cher & trés-amé Oncle, le Duc d'Orleans Regent; Nous avons commis, ordonné & députe, & par ces Presentes signées de nostre main, commettons, ordonnons & deputons, ledit sieur Abbé Dubois, & luy avons donné & donnons plein pouvoir, commission & mandement special, pour en nostre nom, en qualité de nostre Plenipotentiaire, convenir avec les Ministres Plenipotentiaires de nostredit frere l'Empereur des Romains, ceux de nostredit frere, le Roy de la grande Bretagne, & ceux de nostredit frere & Grand-Pere, le Roy de Sicile, pareillement munis de leurs Pleins Pouvoirs, en bonne forme, arrester, conclure & signer l'acte d'accession de nostredit frere & Grand-Pere, ausdits Traités, signés à Londres, ledit jour deuxiéme Aoust dernier: Voulans que ledit sieur Abbé Dubois agisse en cette occasion, avec la même autorité que nous ferions & pourrions faire, si nous y estions presens en personne, encore qu'il y eut quelque chose qui requit un mandement plus special, non contenu en cesdites Presentes. Promettans, en foy & parole de Roy, d'avoir agréable, tenir ferme & stable à toûjours, accomplir & executer ponctuellement, tout ce que ledit sieur Abbé Dubois aura stipulé, promis & signé en vertu du present pouvoir, sans jamais y contrevenir, ni permettre qu'il y soit contrevenu, pour quelque cause, ou sous quelque pretexte que ce puisse estre; comme aussi d'en faire expedier nos Lettres de ratification en bonne forme, pour estre échangées dans le temps, dont il sera convenu: CAR TEL est nostre plaisir; en temoin de quoy nous avons fait mettre nostre Scel à ces Presentes. DONNE' à Paris le vingt cinquiéme Octobre, l'an de grace mil sept cent dix-huit, & de nostre regne le quatriéme. Signé, LOUIS, & sur le reply, par le Roy LE DUC D'ORLEANS, Regent present: Et plus bas, PHELYPEAUX. Scellé sur double queüe du grand Sceau de Cire jaune.

PLEIN POUVOIR DU ROY DE Sardaigne.

Victor Amé, par la grace de Dieu, Roy de Sicile, de Hierusalem, & de Chypre &c. Duc de Savoye, de Monferrat &c. Prince de Piemont &c. A tous ceux qui ces Presentes verront, Salut: L'intention sincere que nous avons toûjours euë de concourir autant qu'il est en nous au maintien de la tranquillité publique, & à l'affermissement de la paix en Europe, & de répondre à ce sujet au desir des trois puissances, qui ont conclu le traité de la Quadruple Alliance, à Londres, le second du mois d'Aoust proche passé nouveau stile, & qui nous ont invité d'y acceder, & d'accepter les conditions de traité y contenuës, entre Sa Majesté Imperiale & nous, nous y a determiné, dès que nous avons esté en estat, de le faire; Nous confians à cet effet entierement en la capacité, experience, zele, & fidelité pour nostre service, de nos chers, bien amez, & feaux le Comte Provana Chevalier, Grand-Croix, & Grand Conservateur de l'Ordre militaire de Saint Maurice, & S. Lazare, nôtre Gentilhomme de la Chambre, & premier Secretaire des Guerres, & du Comte de la Perrouse, Conseiller d'Etat, Chevalier d'honneur au Senat de Savoye, & nostre Envoyé extraordinaire auprés de Sa Majesté Britannique: nous les avons choisis, nommez

& députez par ces Presentes, choisissons, nommons & députons, pour nos Plenipotentiaires, & leur avons donné & donnons plein pouvoir, commission & mandement special, pour en nostre nom, en ladite qualité de nos Plenipotentiaires, tous deux conjointement, ou l'un d'eux seul, en cas de maladie ou autre empeschement de l'autre, acceder au susdit Traité de la Quadruple Alliance, dudit jour second Août, auquel nous accedons dès à apresent, & en promettre, comme nous promettons, l'observation, & des conventions du traité y contenuës, entre Sa Majesté Imperiale & nous, & a cet effet, de signer l'acte qui en devra estre fait, avec les Ministres ou le Ministre desdites trois puissances, conjointement ou separement, ainsi qu'il sera convenu, comme aussi de faire, conclure, & signer les Articles, Traitez & Conventions, qu'ils aviseront bon estre, voulant qu'ils agissent en ces occasions susdites, avec la même autorité que nous ferions & pourrions faire, si nous étions presens en personne, encore qu'il y eust quelque chose, qui requit mandement plus special, non contenu en ces Presentes: Promettant en foy & parole de Roy, d'observer & faire inviolablement observer tout ce qui aura esté fait, convenu, reglé & signé par lesdits Comtes Provana & de la Perrouse, nos Plenipotentiaires, ou par l'un d'eux, en cas de maladie ou empeschement de l'autre, sans y contrevenir, ny permettre qu'il y soit contrevenu, directement ny indirectement, pour quelque cause, ou sous quelque pretexte que ce soit ou puisse estre, comme aussi d'en faire expedier nos Lettres de Ratification en bonne forme, pour estre échangées dans le temps dont il sera convenu. En témoin de quoy nous avons signé les Presentes, fait contresigner par le Marquis Del Borgo, Secretaire de nostre Ordre, nostre Ministre, & premier Secretaire d'Etat, pour les Affaires Etrangeres, & à icelles fait appoler nostre sceau secret. Données en nostre Chasteau de Rivoles, le 17. Octobre, l'an de grace 1718. & de nostre regne le cinquiéme. Signé, V. AMEDEO: Et plus bas DEL BORGO.

RATIFICATION DU ROY.

NOUS ayant agréable le susdit acte d'accession, en tout ce qui y est contenu, avons de l'avis de nostre trés cher & trés amé Oncle, le Duc d'Orleans, Regent de nostre Royaume, iceluy, tant pour nous, que pour nos heritiers, successeurs, Royaumes, Pays, Terres, Seigneuries & Sujets, accepté, approuvé, ratifié & confirmé, & par ces Presentes signées de nostre main, acceptons, approuvons, ratifions & confirmons, & le tout promettons en foy & parole de Roy, garder & observer inviolablement, sans jamais aller, ny venir au contraire, directement ou indirectement, en quelque sorte & maniere que ce soit, en témoin de quoy, nous avons fait mettre nôtre scel à ses Presentes. Donné à Paris le cinquiéme Decembre mil sept cent dix-huit, & de nostre regne le quatriéme. Signé, LOUIS: & plus bas par le Roy, LE DUC D'ORLEANS, Regent present. Signé, PHELYPEAUX. Scellé du grand Sceau de cire jaune sur lacs de soye bleuë tressez d'or: le Sceau enfermé dans une boëte d'argent, sur le dessus de laquelle sont empreintes & gravées les Armes de France & de Navarre, sous un Pavillon Royal, soûtenu par deux Anges.